法学杂文随笔集粹　**2019**

法学家茶座

总第50辑

主　　编　何家弘

副 主 编　张君周　廖　明

主编助理　王　燃　王欣馨　徐月笛　黄　健　刘译矾　林　倩

Teahouse
For
Jurists

山东人民出版社 · 济南

国家一级出版社　全国百佳图书出版单位

图书在版编目（CIP）数据

法学家茶座．第 50 辑/何家弘主编．－－济南：山
东人民出版社，2019.12

ISBN 978－7－209－10611－5

Ⅰ．①法… Ⅱ．①何… Ⅲ．①法学—文集
Ⅳ．①D90－53

中国版本图书馆 CIP 数据核字（2019）第 281423 号

法学家茶座（总第 50 辑）
FAXUEJIA CHAZUO
何家弘　主编

主管单位　山东出版传媒股份有限公司
出版发行　山东人民出版社
出 版 人　胡长青
社　　址　济南市英雄山路 165 号
邮　　编　250002
电　　话　总编室（0531）82098914
　　　　　市场部（0531）82098027
网　　址　http：//www. sd－book. com. cn
印　　装　济南万方盛景印刷有限公司
经　　销　新华书店

规　　格　16 开（172mm×232mm）
印　　张　10.25
字　　数　160 千字
版　　次　2019 年 12 月第 1 版
印　　次　2019 年 12 月第 1 次
印　　数　1—3000
ISBN 978－7－209－10611－5
定　　价　25.00 元
如有印装质量问题，请与出版社总编室联系调换。

学者领地与学刊等级

在中国，学科的划分是精细且严格的，从学科门类到一级学科再到二级学科乃至三级学科，都有明确的名称和地界。根据研究对象不同而对学科进行划分，这本是天经地义的，但是划分过细过严而且将其与带有行政管理色彩的职称晋升、科研评奖、课题申报、大学评估等直接挂钩，就可能影响科学的发展和学术的进步，因为学者往往会把这样划分的学科视为"领地"，既要求自己"不出圈"，更要求他人"别越界"。

然而，人的思想是无界的，科学研究也不应受"领地"的禁锢或壁垒，特别是在人文社科领域。假如学科必须严格细分，那些古今中外的学术大师恐怕就很难有那么伟大的思想成就，很难为人类创造出那么丰富的精神产品，譬如西方的洛克、卢梭、孟德斯鸠、贝卡利亚和中国的钱锺书、陈寅恪、胡适、鲁迅等。这些大学问家的学科该如何界定？他们的学术研究及其成果应该归入哪个二级学科或三级学科？

我对外国的学科划分缺乏研究，但是根据一些个人的感性认知，似乎他们的学科划分是比较粗泛比较宽松的。例如，在我认识的外国法学教授中，有人的教学科研范围就很广，既包括刑事实体法，也包括刑事程序法，还包括刑事证据法，甚至会同时包括宪法、刑诉法与合同法或侵权法。我的主要研究领域是犯罪侦查学和刑事证据法学，但外国学者在介绍我时往往会称我为"刑法教授"。我只好解释说，我不是研究刑事实体法的，而且对刑事程序法的研究也不多。当然，中国也有学者主张刑事法学研究的一体化。

社会科学研究的路径之一是坚持问题导向。社会现实和司法实践中的问题并不会严格遵守学科的划分，于是，研究者在问题的引导下就会"跨界"闯入他人的领地。例如，刑事错案问题的研究就引导我从犯罪侦查学和刑事证据法学跨入了刑事诉讼法学和刑事实体法学的领地，而反腐败问题的研究更把我带入了法理学、宪法学乃至政治学的领域，因为民主与法治是反腐败的治本之道。

跨界科研是需要勇气的，因为跨界人经常被视为"偷食者"，难免得到圈内人的"冷眼"。诚然，如果你是借用其他学科的理论方法来研究本学科的问题，那是颇受欢迎的，但是，如果你的研究成果聚焦其他学科的重大问题，那就不受欢迎了。总之，跨界研究是在人生地不熟的境界讨生活，偶有天时，也难成就。本人对此便深有体会。

从事法学研究多年，我给学术期刊投稿的成功率一直是比较高的。但是跨界研究民主问题，投稿便屡屡受挫。一方面，我在这方面的学养不足，虽经"恶补"，行文时依然捉襟见肘，难免有肤浅偏颇之处。另一方面，审稿者多为该领域的专家，对"偷食者"心存排斥或"欺生"，就难免吹毛求疵甚至以瑕掩瑜。平心而论，如果其他学科的专家撰写了证据法学的长篇大论，我也会用挑剔的眼光去审读。

顺便说，学术期刊的"等级制"也会增加某些优秀论文的发表难度。窃以为，"C 刊"（CSSCI）的圈定无可厚非，但是一些高校在此基础上又设定"核心期刊"，而且分为 A、B、C 三级，作为对教师科研考核的依据。诚然，这种"等级制"方便于科研管理和学科评估，但是也存在弊端，不利于学术期刊的公平竞争和学术研究的百花齐放，甚至会出现一些不正当的交易。作者和读者本应是学刊的"衣食父母"，但是对于那些稿源充足的"高级"期刊来说，作者变成了"打工仔"，读者变成了"路人甲"。换言之，学者主要为核心期刊撰写论文，只要发表，即可获得晋升资格乃至奖金，至于论文有多少读者以及对法治和法学有多大贡献，已然不太重要了。当然，归根结底，这都是学科评估与排序的利益所驱动。

窃以为，学科划分可以有，但不应成为学者的"领地"；学刊评估可以做，但不应列出明确的等级。社会科学的研究需要更加自由的求索，学术大师的养成需要更加宽松的氛围。

何家弘

2019 年五一节写于北京世纪城痴醒斋

目　录

谈谈"树立法治的观念"

夏正林[*]

自党的十八大以来，法治就被确立治国理政的基本方式，树立法治的观念自然也就非常重要了。然而，何为法治的观念？问过很多人，他们均回答：就是要依法办事。这个答案固然没有错，然而极其肤浅，甚至与法治的方式已经没有太多的关系。正是因为这样，笔者才更觉得有把它讲清楚并进行普及的必要。

任何一个概念、一项制度、一种实践，背后都有其明确的观念，有了正确的观念，在行动和实践中才会有正确的理论的指导。法治中国建设也是如此。那么法治的观念究竟是什么呢？我们先从对法律用语的探讨切入。

应该说，一个法律人的观念与其他人的观念的不同会直接反映在他们平时所使用的语言上，法律人使用得最普遍的词语就是权利、权力、义务。事实上，这也是法治环境下使用的最为核心和最广泛的三个词语。也就是说，如果中国人对这三个概念全部弄清楚了，法治中国建设也就不那么困难了。这三个概念看起来非常简单，然而，由于中国人传统上没有建立起所谓的法治观念，对这些法治核心概念就没有正确理解，也就难以形成正确的法治的实践。

传统上，我们往往会把权利与义务联系在一起，认为享有权利就必须承担一定的义务，却很少有人把权力与义务联系在一起。比如，当问起权利和义务是什么关系的时候，很多人都回答：两者是一一对应的，享有权利就得先承担一定的义务。然而，这个答案在法律人眼中，并不

---

[*] 作者为华南理工大学法学院副院长，教授。

准确。因为，有些权利，比如获得所有权，就并不需要承担一定的义务，只有债权才是与特定的义务相对应的，支付了对价才可以享有权利。传统上的"一一对应，先义务后权利"的权利义务观念只是奉献与索取的政治伦理观的反映，即先奉献才能索取，后来奉献就变成了义务，而索取则变成了权利。当然，作为一种政治伦理观，它本身并没有问题，而且还是值得提倡的，但如果把它演变成法治观就成了问题，整个社会就会树立起义务观念，而没有权利的观念，更有甚者，权利成了贬义词，主张权利就有可能被当作"刁民"。在这种观念下，人们的权利受到了侵害都不愿意自己先去主张，而是希望别人先上，大家一起上，自己再跟着上。事实上，正是因为个人没有权利意识，别人才敢欺侮你，老百姓没有权利意识，政府才会缺乏制约。只有当每个人都具备了权利意识，政府才会真正地、自觉地建立起法治政府。在实践中，我们也看到，每一次对典型事件的维权都促进了整个行业的进步，尤其是在垄断行业的整顿方面，拥有权利并不是坏的事情。从这个角度讲，整个社会的权利意识的提高正是法治政府建设，甚至法治中国建设的基础。

那么，我们传统上又是怎么看待权力的呢？中国人对权力有独特的理解，甚至有时会有偏好，以至于一谈起权力，就有一种"高大上"的感觉。"学而优则仕"，拥有权力的大小甚至成了衡量人生成就的标准之一。问过很多拥有权力的人，权力与义务是什么关系呢？他们都认为，权力与权利的不同之处在于权力有强制性，是一种支配性力量，我拥有权力，那么拥有义务的人就得听我的，他不履行义务时，我就可以运用权力强制其履行。这个观念固然不错，但并不全面，甚至并没有抓住法治条件下权力的本质。在法治的观念中，权力与义务其实是一回事，是同一个东西。比如看到一个人闯了红灯，交警去处罚他，当然是交警的权力，但交警能否不去处罚呢？也就是说，是否可以有这个权力但不行使呢？显然是不能够的，否则就构成了不作为。也不能因为这个人是交警的小舅子，就不去处罚，若是他的前小舅子就双倍处罚！那样，就构成了选择性作为和乱作为了。权力与权利不同的地方在于，权利姓私，在法律上，有权利可以行使也可以不行使，而权力则姓公，法律赋予的权力不行使是不行的。法律上赋予的东西必须行使，这实际上就是义务了。也就是说，权力与义务其实是同一个东西，就好像一个手掌的两面，从一面看是权力，而从另一面看则是义务。权力本身即是义务，而不仅仅是别人的服从义务。然而，我们的传统观念中只有权力的观念，而忽略了义务的一面。

　　权力与义务是同一个东西，但如果分开就会造成体制上的危害。从纵向看，权力就是义务，这就意味着官越大，权力越大，义务就越多；官越小，权力越小，义务就越少。然而实践中，有时却是相反的：官越大，权力越大，义务却几乎没有；官越小，权力越小，义务却几乎无限。这正是基层工作难做的根本原因。通俗地讲，权与事脱节了，权力集中在上面，事情却都在下面，基层永远是被检查的对象，永远是处于学习的地位，而有些层级只是发发文件，然后就是检查，这是形式主义形成的根本原因。上面千条线，下面一根针，基层干部的压力并不是因为自己素质低，而是来自疲于应付，即使自己有想法也不能实施，导致了上面考核、督查、批评和下面骂的"夹心饼干"的窘境。基层政府法治建设往往存在着"最后一公里"的问题，很多人把原因归结为基层政府工作人员的法治素养低，这固然是一方面的原因，但根本原因还是权与事的脱节。试想，如果基层政府权力就那么大，那么，它承担的义务也就应该那么大，我相信它的压力其实并不大，也就是说，真正的法治政府建设应该是受到基层政府欢迎的，是把他们从官僚治理中解放出来的好办法。这实际上就是《法治政府建设实施纲要》中讲的要实现权责一致。

　　再从横向看，权力就是义务，这就意味着，什么时候遇到违法，就应该什么时候打击，有多少就应该打击多少。实践中却不完全是这样。首先，不是有多少就打多少，在实践中有一种普遍存在着的"指标执法"的做法，即规定一定的指标，完成指标就行。这样，权力的行使就围着指标转，而不是依法行使。这样，指标的多少就决定了权力行使的力度：指标多时就"严打"，就容易导致冤假错案；指标少时就会造成选择性执法。其次，也不是什么时候发现违法就什么时候打击，在实践中普遍存在着"集中整治""专项整顿"的做法，这就不是法治思维了，而往往是一种领导的思维：领导一看快到年底了，本单位或系统还没有很好的业绩，没有很多的材料，那就来一个为期两个月的"集中整治"或"专项整顿"吧，于是策划、动员、部署、宣传、行动、表彰，一气呵成，数据好看，典型也有了。这看起来热闹，然而执法效果不会好，比如制假售假的看到这个地方这个时间在打击就暂时不再干了，先到其他地方干，等你结束了，再回来。你搞运动战，他就搞"游击战"，执法效果怎么可能好呢？

那么，造成这种现象的根本原因在哪里呢？能否不下指标呢？我有一次在一个相当层次的领导干部讲座中提到这个问题，一位老领导当场就说，若不下指标就会一个不抓。也就是说，下指标的主要目的也还是方便政府层级管理，而非法治思维。在法治条件下，每一级政府都应当依法行事，为什么上级需要对下级下指标呢？上级是否有下指标的权力呢？这是需要考究的。

有人说，在实践中如果有多少抓多少，什么时候违法就什么时候抓，我们并没有那么多的执法力量。这就需要追问了：执法力量去哪里了？是没有配备，还是配备了但没有放在恰当的地方？这就涉及更深层次的问题了：人财物与事的脱节。这才是造成横向的权力与义务脱节的根本原因。布置任务的是一个系统，而人财物却往往掌握在另一个系统中，一个单位接手了一个任务，还需要到另一个系统或部门去找人财物。而事情完成了，人财物往往也没有收回，所以就造成了人手紧张和人浮于事同时存在。要解决这个问题就要把事与人结合起来，布置任务的同时就应当配置相应的人财物，任务完成了，就自动地收回人财物，这才是真正的因事设岗、因岗找人。而传统的人事编制制度必然会产生人事脱节的现象。

权力与义务的一致性还说明无法外之权。所有权力都是法律赋予的，并不存在法律之外的权力。所以，习近平总书记说，凡属重大改革都要于法有据。所有改革应当谋定而后动，需要有相应的法律依据才可实施。

"法"向低处流

莫纪宏[*]

　　年初欣然接受何家弘老师的邀请，为《法学家茶座》写点什么。说实在话，依照自己的个性，感觉还没有到需要总结点什么的岁数。孔子在两千多年前就定了年龄"当为"的标准：五十而知天命。不过，可能孔子自己是达到了自己设定的状态。拿着圣人的标准来衡量作为常人的自己，基本上可以说是不着边际。不过既然答应写点什么，就应该遵守作为法律人最基本的道德要求：信守承诺。

　　对于像《法学家茶座》这样的平台，确实令人肃然起敬。从形式上看，似乎文章进了里面都可以冠以"法学家"的虚名，不过真正不在乎的不能说没有，为数不多可能是常态。回顾自己从1982年9月1日到北大念书，至今已经37年了。也不知道自己怎么混的，一闪眼就到了快要退休的年龄。好歹在法学圈里混了大半辈子，有些体会还是可以拿出来供大家品味品味。这几天看了79级师兄李存捧纪念他们班已故著名现代诗人查海生的文章，写得挺感人。不由得想起当年在北大校园里激情燃烧的岁月。像我们这些从农村里出来的学生，与大城市来的同学相比，基本上就是"白痴"，什么都不会。有段时间校园里流行现代诗歌，是个人就能写出几句有点感觉的呻吟，可惜像我这种木头脑袋，实在无法理解那种无病呻吟是如何从心中升起的。记得有段时间，班里有个女同学当着我的面就说我们这些农村来的，吃饱喝足就什么都不想了，整天没有忧愁，不关心他人的情绪和感受，不会关心人。说者有意，听者无心，我基本上一头雾水。我在大学四年期间，就没有弄明白班上或者系

---

　　* 作者为中国社会科学院国际法研究所研究员。

里怎么有那么多的人痛苦不堪，整天日子就像过不出来的样子，纯粹是跟自己过不去。

这样的状态延续到来社科院研究生院读书的时候，从那时起才开始有点感觉。当时听高年级的哲学系博士刘东侃"西方的丑学"，隐隐约约感觉他说的悲剧也是"美"有点道理。当时年轻气盛，正能量大，不太容易沉沦。对新知识有渴望，对刘东滔滔不绝讲的西方的"丑学"产生的悲剧美有点好奇，脑子里倒是经常进行类比式的琢磨，像"不完备的法是否也是一种美""不守规矩是否也有一些负面的人生快乐"之类的奇怪问题。不过这些问题都是在辩证法的思路上形成的，并没有生活的铺垫，对美学与丑学的人文意义搞得不是很清楚。当然，在学术争鸣时确实也会提出法律消亡后社会靠什么来维持的问题，但大致上问题的类型都是通过辩证法的逻辑推理形成的，好像也没有令人信服的答案。

后来参加工作，到了社科院政治学研究所，见到了不少盛名装饰下的学者，听了他们的阔论，才明白法律不能代表生活的全部，人还需要文学、哲学、宗教、爱情、诗歌，生气和无理好像都是生活的部分，你要允许他人不高尚，守法并不像法律人想象的那样当然就会成为人们的行为方式。

接触到各种各样的思维方法和行为习惯多了，就越发觉得教科书上对法律的社会功能的表述过于天真了。所谓正义这些问题，最后还是要看是谁说的，不同的声音产生的正义观大不一样，协调和调解正义似乎没有可能。当年看了电视剧《激情燃烧的岁月》，其中石光荣的一句话让我觉得茅塞顿开。石光荣在战场上是条汉子，常常"不服就打、打服为止，再不服再打、再打服为止"。这就表达了一种情绪和感受，实际上人与人之间的一些问题是无法调和的，最终需要通过消灭对方肉体的方式来解决。想想这些事，对法律的信心就凉了一半。看来人是管不了自己了，当然，法律也不是像有些人讲的那样神乎其神，法律离开了人类常规的思维方式，很难玩得转。人创造的东西不可能真正把人束缚住。

自从到法学所做了宪法学博士后，对以往所接触的法律知识有了全新的认识。看得多了，思路就更远了。1996 年出访新加坡时，无意中得到一本《宝贵的人生知识》。其中涉及了"法"字，而且这个"法"好像与我过去经验中遇到的"法"有很大差异。后来就把阅读范围扩大到了佛法的范围，特别是重点研究了《大乘百法明门论》，由此，对过去只有文化学者才有话语权的"法""性""相""体""用"等没头没脑的字有了一些直观的认识。至少有一点是有收获的，就是作为知识的概念必须有一个认知上的对应物，哪怕是虚无缥缈的，都要有那么个可以与其他东西区分开来的"东西"。所谓的"轨持"意义上生出的"法"，既有法律人心中奉若神明意义上的"法"，也有西方哲学中的"物"的特性，更有所谓存在主义意义上的"在"的内涵。总之，"法"似乎与传统儒学中的"体"靠近了，但两者还是有不同的观察角度。这样下来，"法"似乎打通了诸界，可以任意地变性了，也就是说，"法"和"性"有直接的逻辑关联。我们平常能够体悟到的"性"，都是从"法"体中流淌出来的。于是乎，"人往高处走，水往低处流"这样的现象观察特征自然就可以与"法"性相连和相通了。

许慎在《说文解字》中提到了世俗的"法"性，即法律人耳熟能详的"法"：灋，刑也。平之如水，从水。廌，所以触不直者。去之，从去。既然"法"从水，具有"水性"，那么"水往低处流"，自然就会心性想通，产生"法向低处流"的法性。此中逻辑看似牵强附会，实质上道理很透。

从我们法律人绞尽脑汁对"法"的功能给予天使般的装饰的样态来看，还真的能够显露出"法向低处流"的本性。苏力先生前些年写了一本《送法下乡》。不明就里的人总认为苏力先生心高气盛，不过，从法性来看，好像就是自然的事情了。这些年来，我们为之鼓与呼的"法"怎么让人看来都是城里人的游戏，一直在上游漂来漂去。而真正缺法少法的，就是乡下人的法。什么时候法学家们替乡下人鼓捣过什么"法"吗？我们总是在关心贫困人口，想让他们吃饱穿暖，有养活自己的能力，可是有一个问题却长期被法律人忽视了，那就是贫困人口对"法"也有需求啊。依据"法"之水性，贫困人口好像比富裕人口更需要"法"的帮助。处于社会底层的群众整日盼望心中的"法"来给自己主持一个公道。所以，过去法律人著作中都会不自觉地吆喝上几句：法要为社会大众服务，要解决社会公正问题。富人，或者是处于社会顶层的能力强的人，说实在的，他们需要"法"吗？有"法"就多了层约束，碍手碍脚的，在他们眼里，有能力就有公正，能力所及、公正所至。至于说底层的人就不一样了，他们由于种种原因没有足够的实现和满足自己欲望的能力，如果欲望心又炽热一点，难免就会在饭后茶余仰望青天，呼天抢地地呐喊："天啊，地啊，这世道的公道在哪儿？"瞧瞧，这不明摆着让"法"往低处流吗？

既然法性与水性相通，那么，法律人对"法"性的认识尽可以从水性中推演了。《老子》第八章对水性做了出神入化的描述：上善若水。水善利万物而不争，处众人之所恶，故几于道。居善地，心善渊，与善仁，言善信，正善治，事善能，动善时。夫唯不争，故无尤。按照《老子》上文逻辑，"上善"若水，法性从水性，于是，逻辑上也不难推导出"上善若法"的结论了。法为"上善"吗？在世俗社会中，还有比"法"更善良的吗？

当然，也有一种似是而非的逻辑很难破解，比如"法律是最低限度的道德"，这里隐约地包含着法为"下善"的底蕴，通俗点说就是，法是最起码的"善"，是"善"的底线。如果"法为上善"的话，法之上就没有"至善"了。这样的逻辑推论好像很难被传统的法理接受，但细细推敲一下法的品性，法与水性相通，利万物，无私利，从公共的"善"来看，确实在法之上没有公共的"至善"了，只有私人意义上的"善想"或"善念"了。由此不难看出，把法性解释为"下善"，对法治的信心就满满，把法性类比为"上善"，要建设良好的法治，那是要下功夫的，古人也是望尘莫及啊。

一个"法"字就闹出这么多的问题，全怪乎使用"法"来说事的文献和知识杂乱无章，信息海量，弄得法律人定力全无了。不过，如果真想做点学问，恐怕还是要从疑难杂症入手。要看看不懂的书，讲讲不清楚的话。钱锺书先生对此曾经非常透彻地感悟道：把你懂的东西讲得让别人爱听，那不算本事；把你不懂的东西讲得引人入胜，让人流连忘返，那才是真本事。

从当年高考填志愿时看到北大在江苏招生最多的专业是 6 名学生的法律系，笔者便胡乱下赌注入了法门，到几近花甲之年坐下来品头论足，说起来是一件可笑的事。有些事你永远也搞不懂，有的时候你永远无法了解他人的痛苦中包含了多少幸福的泪水。那种无原则的"善心"，总是想着别人的不幸从而不断地伸出援助的手，实质上体现的是以法性而立的"正义"的流向轨迹。文章扯到这儿又要回到开头了，还是那个海子，那个写下"面朝大海，春暖花开"却卧轨自杀送走人生无数个梦想的诗人。真的无法理解，到底意义在哪里？那个时代，随便向大街上扔一块石头就能砸中几个皇冠诗人，为什么学法的人会弃法而去呢？

法性通水性。把法当成是"上善"的，人生就充满了理想；把法视为"下善"，人就变得更加理性和实在。说实在的，法性全在法律人各自的感悟了，至于说悟到哪个层次和境界，只能由不同的人生轨迹去解释吧。我们拥有的只能是每一个不同的"意义"。

中国法治理念的变迁对中国司法的影响

韩红兴* 韩延智*

伟大的法哲学家黑格尔指出，理念是任何东西得以存在的前提，离开理念，任何东西都无法存在，法亦是如此。新中国法治理念的变迁经历了从"法律虚无主义"到"民主法制"建设，从注重法律规范的"法制"到尊重人权和保障权利的"法治"观念的变革。中国司法体制机制建设也随之跌宕起伏，并对未来的改革影响深远。美国学者伯尔曼教授指出："法律的发展被认为具有一种内在的逻辑，变化不仅是旧对新的适应，而且也是变化形式的一部分。变化的过程受某种规律支配，并且至少我们事后认识到，这种过程反映一种内在的需求。"新中国的法治建设，如同世界法治变迁一样，都是革命的产物，不可避免地深受革命思想的影响；无论如何割裂过去，法律传统的影响皆如影随形，同时意识形态发挥着举足轻重的作用。时至今日，这三种力量依然牢牢地支配着中国法治的进程，影响着中国司法改革的成效，使得中国法治建设既体现世界法治发展的一般规律，又具有自身的特色。

一、深受苏联"极左"法制观影响，阶级斗争法制观、法律工具论和法律虚无主义盛行

1949 年 2 月，中共中央发布了《关于废除国民党的〈六法全书〉与确立解放区的司法原则的指示》。同年 4 月，华北人民政府颁发了《废除国民党的〈六法全书〉及一切反动的法律的训令》。新中国法制建设

---

* 韩红兴为北方工业大学法学院教授，韩延智为中国政法大学学生。

从形式上彻底割裂了与旧法律制度的联系，确立了"另起炉灶、向苏联学习"的法制建设道路。

苏联的社会主义法制思想集中体现在三个方面：一是阶级斗争法制观。该观点以苏联检察长维辛斯基为代表，强调法是统治阶级意志的体现，统治阶级通过规定权利和义务，确认、保护和发展对统治阶级有利的社会秩序。二是法律社会和经济发展工具论。梅利曼教授在《大陆法系》一书中指出，社会主义者认为，所有的法律均是经济和社会政策的工具。三是法律虚无主义。该理论以苏联著名法学家帕舒卡尼斯为代表，他认为，法是商品交换关系的体现，只有资本主义社会才创造了使法在社会关系中高度发展的全部条件，资本主义被消灭后不再有法，而仅有技术规则，在社会主义取代资本主义后不是无产阶级法取代资产阶级法，而是一般法的消亡。苏联"极左"法制观不仅对中国法律规范、司法体制机制构架和建立产生了深远的影响，而且直到今天仍然被一些人奉为"马克思主义法学的圭臬"，不可触碰。

二、深受传统法律文化影响，
行政化司法治理观、权力型法制观根深蒂固

中国传统法律文化中，司法行政不分，法律是国家颁布的用于治理人民的工具，司法是行政治理的手段，司法机关是诸多官僚职能部门之一，实行集权制管理模式，形成行政化司法治理观。法律是统治者治民的利器，法成为驭民治民之工具，权力大于法，民众"畏官不畏法"，权力至上观盛行、权利保护观缺失。法家代表人物韩非的法治目标是，确定户籍人数，"设法度以齐民"。在古代法家看来，"威不两错，政不二门，以法治国，则举措而已"。意思是，只要君主集中权力，并且把法律作为治国的手段，那就很容易奏效。中国缺乏现代法治传统，但人治文化极为发达。纵观中华法系的历史，"天命神权"的观念几乎贯穿其发展全过程。这种思想在法律方面集中表现为"奉天行罚"。

尽管从形式上看，新中国法制建设与中国传统法律没有任何承继关

系，是"全新"的社会主义法制，但是，正如历史学派代表人物萨维尼所说，法律是一个民族文化的结晶。中国传统文化深刻影响着中国法制建设，主要体现在以下三个方面：一是行政化司法治理观。把司法作为行政集权体制中的一环，司法官僚化、司法行政化，司法裁决缺乏可预测性和稳定性。二是法律是治民之工具的思想，法治工具主义盛行。三是民众缺乏权利意识，畏权不畏法、信官不信法，法律机会主义盛行。

三、我国传统法治理念对我国司法体制机制的影响

正是在上述两种法制观的影响下，构架了新中国的司法体制及司法运行机制。这样的司法体制机制，尽管在当时的历史条件下具有合理性，对中国的法制建设起到了巨大的推动作用，但根据社会主义法治理念的要求，考察中国法治状况、审视我国司法体制机制，仍可发现其存在以下主要问题：

第一，依法独立司法不彰。

由于长期受"左"的意识形态及传统行政化司法治理观的影响，"依法独立司法"一直被贴上"西方资产阶级"的标签，司法体制机制"被行政格式化"，司法机关成为某些地方政府"维稳"的"站岗人"，这成为我国深化司法体制机制改革"要敢啃的硬骨头""要敢闯的险关"。为此，要从确保依法独立公正行使审判权检察权、健全司法权力运行机制、完善人权司法保障制度三个方面，着力破解体制性、机制性、保障性障碍，不断提高司法公信力，发挥公正司法作为维护社会公平正义最后一道防线的作用。

第二，司法人员选任机制不科学、司法能力不足。

根据我国《宪法》及相关法律规定，我国的司法人员是人大常委会任免，其法理基础在于我国人民代表大会制度的政治体制。但实践运作中，人大常委会的任命是一种形式合法性要件。司法人员的实际选任权和其他公务员选任没有区别。从历史发展看，我国司法官选任制度可以分为两个阶段：第一阶段，从中华人民共和国成立到2002年之前。这一阶段我国采取大司法的概念，所有与司法有关的机关和人

员一律称之为司法机关和司法干警，包括法院、检察院、公安机关、司法行政部门、律师协会、公证处及其从业人员。除 1982 年《律师法》通过后，律师需要参加律师资格考试外，其他人员的任命都是采用公务员选任机制，并不要求其有法律专业背景和法律知识。在这种选任机制下选出的司法人员一是缺乏独立办案的能力，二是缺乏独立办案的意识，三是缺乏程序公正的意识，政策和领导意志成为司法裁决的灵魂，而法律则沦为参考依据。

第二阶段，2002 年以后到司法"员额制"改革之前。2002 年我国《法官法》和《检察官法》颁布实施，司法机关和司法人员的涵义发生了明显变化，司法队伍里只留下了法院、检察院及其全体干警。《法官法》和《检察官法》对于初任法官、检察官的资格作出了明确的规定，通过司法职业资格考试成为初任法官、检察官的法定任职条件之一。这一改革使得我国司法人员的专业化水平得到明显提升，但传统的办案机制并没有发生根本改变，司法运行机制和条件并没有明显改善。当下，法官、检察官选任机制的"员额制"改革正是针对我国司法官选任机制存在的问题进行的一次彻底的变革，为独立司法与司法问责机制的建立和完善奠定了坚实的基础。

第三，司法权力配置不科学，司法运行机制有违司法规律。

在法律工具主义的观念下，我国刑事诉讼确立了公安机关、人民检察院、人民法院三机关"分工负责、相互配合、相互制约"的刑事诉讼构造，在实践中，形成了"重配合、轻制约""重打击、轻保护""重实体、轻程序"的打击和惩治犯罪的诉讼模式。刑事诉讼形成了侦查本位主义，侦查权过于强大，得不到有效制约和监督。审判中心主义的价值被轻视和忽略，刑讯逼供等违法取证的现象得不到有效遏制。检察机关作为公诉机关却被赋予更多的诉讼监督权，法官成为公诉人监督的对象。刑事强制措施缺乏有效的司法控制。审判权作为判断权和裁决权的司法权性质，被行政化的审批制所代替，法官缺乏独立裁判的能力和保障机制。庭审形式化，进一步降低了司法的公信力。

第四，司法问责机制缺乏有效规范。

在行政化的司法治理理念下，司法问责套用行政问责的机制进行。

在领导批案的司法运行机制下，错案的纠正和责任的追究遇到了层层障碍。在"信官不信法""信权不信法"的公民法律意识支配下，司法民主问责呈现为两种扭曲的形态：一是信访、上访，二是"找领导、托关系"。随着新媒体时代的到来，网上发帖、找媒体记者等无序的问责手段也纷纷呈现。科学、合理的司法问责机制既是独立司法与司法公正的有效保障，又是法治不可或缺的原则。

四、从"法制"到"法治"国家法治观的变迁，引发一场"司法革命"的诞生

党的十一届三中全会提出加强民主和法制建设，"有法可依，有法必依，执法必严，违法必究"是这一时期的基本法制观，其核心在于用法律的手段治理国家。有法律制度并不意味着就有法治，如果仅仅把法律作为国家统治的工具，而不把法律作为保护公民人格尊严和人权、基本权利的维护者，那么这样的法制不是完整意义的法治。

二十世纪九十年代，中国法治建设理念发生了重大的变化。1997 年召开的党的十五大将"依法治国"确立为治国基本方略，将"建设社会主义法治国家"确定为社会主义现代化建设的重要目标。1999 年"中华人民共和国实行依法治国，建设社会主义法治国家"载入宪法。2004 年"国家尊重和保障人权"载入宪法。2012 年"尊重和保障人权"载入新修订的《刑事诉讼法》，同时该法增加了刑事非法证据排除制度，加强了对犯罪嫌疑人、被告人辩护权的保障。

2012 年，党的十八大报告将维护社会公平正义作为法治建设的基本原则。全面推进依法治国，确保人民法院、人民检察院依法独立公正行使审判权、检察权。健全权力运行制约和监督体系。保障人民知情权、参与权、表达权和监督权。确保国家机关按照法定权限和程序行使权力。建立健全决策问责和纠错制度。推进权力运行公开化、规范化，完善司法公开和各领域办事公开制度，加强党内监督、民主监督、法律监督、舆论监督，让人民监督权力，让权力在阳光下运行。

2014 年后，党的十八届三中全会、十八届四中全会和十九大，先后

对全面推进依法治国若干重大问题作出了部署，围绕着依法独立行使审判权、检察权，司法职权的配置，司法问责机制，以及以审判为中心的诉讼制度改革等重点问题进行全面推进。在中国经历从"法制"到"法治"的法治理念变迁中，中国司法体制机制随之也发生了深刻的变革，这场司法变革在宏观上引起的变革主要体现在以下几个方面：

第一，从工具主义司法观到公平正义司法观的转变。

传统法制观点认为，法制是阶级专政的工具，司法机关是国家对敌专政的"刀把子"，法是通过规定公民的权利和义务，保护对统治阶级有利的社会秩序。党的十八大报告明确提出，维护公平正义是法治建设的基本原则，司法应确保在全社会实现公平正义。法治的核心就在于维护公平正义。德国著名的法学家拉德布鲁赫指出，合法性、对正义的追求和法的安定性，是司法的基本要求。"努力让人民群众在每一个司法案件中感受到公平正义"成为中国司法的价值追求和终极目标。

第二，从惩罚性司法到保障性司法的转变。

传统法制观点认为，国家应通过严刑峻法打击和惩治违法犯罪。为了打击犯罪，应尽可能多地赋予公安机关行动的自由，只要有利于惩罚犯罪，程序可有可无，公检法三机关应密切配合，甚至必要时可以联合办案。尊重和保障人权入宪和入律，非法证据排除制度的确立，讯问的录音录像制度的改革等，均体现了我国司法观念的重大转变。国务院发布的《2014 年中国人权事业的进展》白皮书明确指出："中国建设社会主义法治国家，以确保公民权利的实现、人性尊严的捍卫、基本人权的落实为根本目的。"

第三，从权力一体制到司法审查制的转变。

现代法治的核心在于限制公权力的恣意和专横，保障公民的自由和权利。法律保留原则和司法审查原则是法治社会的基本原则。我国传统工具主义法制观认为，法律是治民之工具，为了维护社会秩序，应给予国家机关及其工作人员高度的权威和信任，广泛授予其概括性权力，使其可以随机应变，有效处置。行政权因此极少受到立法权和司法权的制约，司法审查机制缺失。在刑事司法体制内，三机关相互配合，缺乏有效的制约，三机关成为"同质不同职"的一体化司法机关，审判程序成为追诉程序的"背书"和"确认"，审判中心主义价值缺失，冤假错案得不到有效的预防和纠正。

党的十八大报告明确指出，法治国家、法治政府、法治社会一体推进。法治政府的建设，旨在改变行政权的不受限制，健全权力运行制约和监督体系。确保决策权、执行权、监督权既相互制约又相互协调，确保国家机关按照法定权限和程序行使权力。建立行政权力清单制度。法治限制公权力的目的，是保障公民权利。这充分体现了我国在全面推进依法治国过程中，由概括授权型权力观到限权型法治观的转变，由权力一体化到司法审查机制的转变。

第四，从行政司法治理观到依法独立司法观的转变。

依法独立司法是法治社会的基本原则，已经成为国际社会的共识。没有独立的司法，就没有公正的司法。党的十八大报告明确提出了保障依法独立行使审判权、检察权。党的十八届三中全会、四中全会，以及人民法院"四五改革纲要"，对依法独立行使审判权、检察权作出了具体的部署，并在新一轮司法改革中认真践行，取得了明显成效。尽管依法独立行使审判权、检察权原则并不是一个新的原则，但囿于对司法权性质的错误理解，我国传统观点对依法独立行使审判权、检察权做狭隘的理解。本轮司法改革赋予了该原则以新的含义，其核心在于保障依法独立办案，不受权力的不法干预。

第五，从行政式司法追责制到司法问责制的转变。

权利和义务的一致性是法治的基本内容之一。司法权力作为一种重要的公权力，必须对其权力行使的正当性承担责任。正如有的学者指出，即使司法的不确定比较明显，责任系统也可以在一定程度上替代程序要件和解释技术防止审判不公。在缺乏程序正义的观念以及相应的制度条件来限制裁量权的场合，严格追究过错责任就成为防止任意行使权力的重要装置。1998 年最高人民法院通过了错案追究制。但由于对错案界定不合理、行政式的追责方式和责任形式，以及"审者不判、判者不审"的案件审批制，错案追责饱受诟病，效果并不理想。党的十八届三中全会提出，改革审判委员会制度，完善主审法官、合议庭办案责任制，让审理者裁判、由裁判者负责。司法责任制成为本轮司法改革的"牛鼻子"。司法责任制的改革既不同于错案追究制，也不同于行政问责机制，而是构建遵循司法规律、符合司法权性质的公正合理的司法责任制。司法责任制的改革必然推动法官独立办案制的实现，使得独立办案与司法责任制相得益彰，共同服务于司法公正的实现。

一次国际会议的波折

张卫平*

　　夏至，就在 2018 年韩中民事诉讼法研讨会即将召开之际，却传来不好的讯息：陆续有国内民诉法学者短信或邮件告知不能参会。理由各样：走不开，教学工作忙；时间紧，走程序来不及；自己或家人身体欠佳；等等。

　　研讨会召开一两个月前，这些学者都是报名要参加这次在首尔召开的两国研讨会的，对参会有一定的积极性。虽然这些学者并非第一次出游韩国，加之政治原因，韩国也并非国人旅游推荐地，韩国游已经大不如以前，学者对于整容也不太有兴趣，不过，学术交流和深度游也还是有一定吸引力。飞行时间短是去韩国最大的好处。如果从上海、北京出发，甚至比去国内一些省份的飞行时间还要短。以往，虽然也总有人事先表示愿意参加但临时又取消行程的，但这次退会人数之多是以往没有的。

　　我将这一信息传递给韩方组织者。韩方反应异常强烈，觉得不能理解。前任韩国民事诉讼法学会会长，也是一位中国通，很快给我来了一封语气严厉的邮件，明确表达了他们的不理解，实则是不满。认为以往都能够顺利成行，为什么这次会有如此多的学者退会？

　　我是自有苦衷，学会毕竟不是行政单位，不能命令大家必须参加。有鉴于此，我们提出了是否延期或改在明年。因为多数人退会，原定中方参会学者有十五人，退会后，实际参加的学者可能只有四位，且其中有两位还是翻译，虽然也是教师，但毕竟只是"青椒"，如此寥寥数人

* 作者为天津大学卓越教授。

参会显然令组织者十分尴尬。我这个所谓"团长"真正成了"光杆司令"。我完全能够理解他们的不满。为此会，他们已经准备了很长时间，承办单位几乎已经做好了一切准备。会议如此"胎死腹中"，当然引发怨气。

对韩方的质疑，我进行了初步的解释。不得不说，这是因为政策有了变化，我们对这些政策变化反应不及时，有相当的责任。实际上，大部分退会的学者是因为时间太紧，无法获得公派签证。有的学校规定开会一年前就得申报出国参会申请，至少需要提前三个月。教育部部属院校学者还要经过教育部批准。出国签证要求必须有对方国家的正式邀请函。而韩方的邀请函一个月前才发出，时间自然是来不及了。

韩方的学者不能接受这一解释。他的质疑是，为何前几次赴韩参会，时间都没有问题，邀请函也是提前一个多月发出的，唯独这一次有问题。既然公派出国签证手续复杂、时间长，完全可以持因私护照办理签证，甚至可以办理旅游签证（旅游签证一周之内就可以搞定）。他还以我为例，说为什么我就能来参会呢？（其实，我也是没有办法，自费也得参加，即使是"光杆团长"也必须亲赴"前线"，此时，真有一种"英雄儿女"的豪迈。）

对韩方这一连串发问，要做解释就比较有难度了。

这一次出现大规模退会的问题，虽然表面上看是韩方发函太晚，导致参会学者不能办理因公出国签证，但又不能怪罪于韩方，因为韩方是按惯例作为。稍加分析可以发现，还是我方的原因。我们应该早一点告诉他们，需要提前发函。虽然这将提高他们办会的难度，却极有可能避免出现大规模退会的情况。不过，我们也有我们的难处。因为出国参会要能报账、由公家承担相关费用，就必须持因公护照。而这一政策是之前不久才出台的，近期没有出国访问或参会的人根本不知道。大家自然还是按照原来的套路出牌，时间来不及就持因私护照出国，签证时间短，无须经过主管单位的相关批准手续。即使走旅游签证，只要有邀请函、机票、登机牌等相关票证也都能回到单位报账。可以说是说走就走。这些做法现在都不灵了。出国参会不持因公护照、没有相关的批准手续想报账——没门！

韩国的教授们不能理解的是，为什么一定要报账？为什么教授做学术研究需要国家提供经费？如果是工科，他们认为可以理解，因为设备需要大量资金投入。法学除了一些大型实证研究之外，根本不需要大量的资金投入。对韩国学者而言，参加国际会议很容易，只要没有上课安排，随时可以上路。最简单的就是持旅游护照，反正都是自己掏钱。与其不同，国内大学的学者，几乎每一个人都有国家资助的项目——国家级、省部级，纵向的、横向的，钱多的、钱少的。这些项目当中有一部分经费就可以用于参会和调研。现在的科研经费不好花是众所周知的事实——最需要的是劳务费，但比例恰恰很少。大概没有几个人会想留下公家项目的钱，而自己掏腰包参会。学术研究也是为国家做贡献，不是自己私人的事情。这并非个别人的观念。

原本还有一位在会议主题方面很有经验的实务专家，也应研究会的邀请参加本次研讨会，并打算在会议上作专题报告，简介我国法院的实务经验和做法。但是，司法界的专家要参加国外的会议，其手续就更复杂了。"外事无小事"是众所周知的规训，而且涉及我们学会承担相应费用的问题。所以，最早退会的自然是实务部门的专家了。

虽然知道退会的主要原因是报账的问题，是谁出钱的问题，但这一原因却不好向韩方解释。所以在解释时，主要放在了时间问题上，也有"反诉"韩方的意思。我想，他们后来会知道退会的真正原因的。有兴趣的学者会追问：为什么出国参会变得如此复杂？有人解释，是因为反腐。因为没有严控之前，许多政府官员打着出国参会的旗号，实际出国旅游，游山玩水。学者会进一步追问：为什么对学者也要严控？不可以区别对待吗？

这需要对中国国情有真正的了解。在中国，学者与官员往往是很难区分开来的，既有官员型学者，也有学者型官员，他们不仅思维方式相同，行为方式也相同。一方面，有官员希望通过博士学位（硕士学位对于竞争力提升的作用有限，因为博士学位更具有稀缺性）提升自己的竞争力，实际上大部分在职读博在研究方面得到的锻炼和提高非常有限——没有脱产读博的学习和研究的时间与氛围，也没有来自导师的管束和压力。另一方面，学者们也希望通过行政上的权力助推自己的进步，扩展自己的空间。在学校双肩挑的学者很多。利用公共资源不仅有利于学术研究，而且更容易扩大学术影响。还有一些对从政很有兴趣的学者也希望在适当的时候转换"频道"，走向社会，在更大的权力舞台上发挥自己的作用，从而证明自己既能在学术研究领域有所成就，也能在从政的舞台上长袖曼舞。正是由于官员与学者、从政与学术无法分开，如此一来，就必然在治理官员腐败的同时，将学者的学术自由空间也给限制了。"因噎废食"这一成语，用在此处应该是适当的。

虽然有解释，但韩方是否理解和接受则是另一回事。作为我们一方也要有积极的回应，就是动员大家自费参加，为中韩民事诉讼法学的交流、为增进彼此的友谊作出自己的贡献。作为"团长"的我，应当感谢我们的参会学者。有数位学者在最后还是参加了本次会议，在会上也有很好的表现，发表了有分量的观点，最终使得本次韩中民诉法研讨会有了圆满的结局。

返程时，原以为乘坐的是韩国另一大航空公司——韩亚航空公司的航班，也想借此体验一下这家大航空公司的服务水平（去程乘坐的是大韩航空公司的飞机——服务不错，空姐颜值也高）。没有想到实际乘坐的是国航的飞机，而且不是大飞机。在飞机上回想起这次参会的波折，颇有些感慨，毕竟两国体制不同、观念也不同。还好，虽然航空公司不同，但在服务上，似乎没有因为体制上的差异而有所不同。

教授办案

龙宗智[*]

  前年讨论律师法修改，法学院教师能否兼职办案是一个热门话题。本来因为我对这个问题很有一些体会而想写点意见来参加讨论，但又想自己也办少量案子，属于利益关联方，发表意见似乎不中立，容易受到抨击，因此作罢。而且到这个年龄本来就想做做减法，清闲一点，这一条款如何规定于己关系不大。律师法于当年已完成修正，兼职条款仍然维持，讨论也算尘埃落定。近因《茶座》约稿，则想就这一话题谈谈体会，本意还是强调法学教授（包括其他职称法学教师，下同）要关注乃至体验法律实践。

  教授心无旁骛，潜心教学研究，当然应予鼓励。不过，教学、研究内容为司法实务的教授，尤其是像我们这类讲证据运用、程序展开的教授，如果有条件，而个人又有兴趣且能适应的话，在不影响履行教师职责的前提下，不妨兼职办理少量相关案件，以了解实务，体会实操。下面先讲讲教授为什么可以办案，然后讲教授如何办案。

  我认为，通过办案体悟实践，对理论研究而言，至少有三点好处。

  一是可以培养"实务思维"，有效实现"理论联系实际"。学者研究问题容易闭门造车，沦为空谈。而办点案子，接触实务，你就会知道事情不是那样简单，改革也不能一蹴而就，从而逐步养成一种关注实际问题、实践需求与现实可行性的思维习惯。我之所以主张所谓司法改革与操作中的"相对合理主义"，无论就刑事程序还是证据制度提出改革意见，均注意条件制约与可行路径，也是因为这种实践思维。

---

  * 作者为四川大学法学院教授。

二是可以培养问题意识，触发研究灵感。我的专业方向是证据法、刑事程序及司法制度，所写文章，大部分与办案体悟有一定关联。例如，近两年，"印证证明"问题被重新炒热，而我十多年前在《法学研究》上发表的《印证与自由心证》一文，完全是源于办案心得，做教授以后就将印证作为专题进行研究。不过当时是作为检察官专职办案，后来做专职教授，就只能通过一种兼职方式办案，并从中获得实践经验。如近年来反腐败形成高潮，但贿赂案件办理在实务中有一种主观化倾向，严重影响了办案质量，遂作《贿赂犯罪证据的客观化审查机制》一文，就人证印证事实的客观验证、"承诺受贿"的客观化证明、案件特定事实的客观化解释等若干问题进行分析，基于实践体验，针对现实问题。该文于《政法论坛》发表后，在实务部门有一定影响，某些司法机关的内部刊物予以转载。

三是使理论言说有底气、接地气，从而增强说服力。对证据和司法程序的研究，尤其需要经验支持。如刑事辩护律师庭前向当事人"核实人证"的问题，公安、检察方面曾明确表达反对意见，理由是可能"串供"。为此我写了一篇《辩护律师有权向当事人核实人证》并发表。其中一项理由，就是反对核实人证的观点与实务相悖。因为我的体验是，对于某些证据材料多的案件，法官会要求律师事先向当事人核实证据包括人证，在此基础上，开庭时即可重在质证以提高庭审效率。公诉检察官对此也比较支持。否则，因被告有知悉权，如在法庭上要求详细展示证据包括人证的内容，公诉的节奏就可能会被打乱，庭审效率也会大幅降低。又如我写过《聂树斌案法理研判》《李庄案法理研判》《薄熙来案审判中的若干证据法问题》等个案证据分析文章，在《法学》等刊物发表，均有一定影响。如薄熙来案审判全国关注，评判文章不少，但我写的分析文章发表后很快被《律师文摘》这一公认的精品刊物转载。而且最近监委系统编业务学习文章，还征求我的意见拟将当年这篇文章编入。为什么对个案的学术分析容易获得认可？我感到仍与自己有办案思维及经验有关。

教授办案，对于教学也颇有裨益。本人常被公检法机关请去讲课，据说效果不错。不是凭口才，因为我的演说能力不如许多教授。很大程度上也是因为立足办案，讲得比较实在，还能够应对实践中的问题。例如讲政法关系及"以审判为中心"的司法改革时，我有时会举一个例子，在一起广为宣传的大案中我去"打酱油"——为涉案单位辩护。辩护意见先后被检察机关和一、二审法院采纳，庭审效果也比较好。二审宣判后，政法委按惯例组织公检法开总结会，作报告、讲故事，然后"论功行赏"。这时才看出人家才像"刘关张"（不过后来省司法厅也因此将本人纳入年度表彰，虽然级别差一截，对老同志却也是一个安慰鼓励，哈哈）。而当年的十大法治人物之一，是该案"办案群体"。央视上手持鲜花、神采奕奕的英雄群像，中间四位警官、左边三位检察官、右边三位法官，律师当然不在其中——虽然平时"央妈"也说律师是实现司法公正的重要力量。不过这个画面加入辩护律师也不太好——其可能会被看作"卧底"。这里显示出"侦查是关键"，而非"审判为中心"。以类似实例讲司法结构和司法改革，比照本宣科生动得多，听课的司法干警也往往发出会心的笑声。

如果说讲制度改革的重大问题，不一定要联系办案实际，但要进行办案方式和方法的教学，教授者则应有办案经验。不办案而没有办案经验的人去讲如何办案，如何进行证据分析和程序操作，有点像大姑娘讲生孩子，容易沦为纸上谈兵，甚至被批评——"教授毕竟是书生"。最近我在为实务部门讲一堂课：证据分析。中国证据法教学讲证据和证明，范围较窄，没有安排证据分析的教学内容。几年前张保生教授等翻译了威廉·特文宁等人所著《证据分析》一书，介绍了图示法、概要法、时序法、叙事法四种基本的证据分析方法及其应用。但是我的证据法学生读了这本书普遍感到不太好理解，如叙事本来属于事实认定，为何成了证据分析。而有的方法，如图示法，讲证据构图与七步分析，显得烦琐而不便于实践运用。我认为，要让学生弄懂，让侦检审人员学习和自觉运用证据分析方法，必须结合日常办案和证据审查实践。于是我将概要法和图示法归纳为便于理解的证据构造分析法，概要法是日常分析法，简单说就是特定要件事实有哪些证据予以证明；证据结构图则是构造分析的精细化，可以适用于黑社会组织犯罪等多重犯罪、复杂犯罪的证据分析。而日本的证据构造理论，则强调这种构造的立体性，与英美平面图示有别。而证据时序分析，接近于我们所称的"证据锁链分析"。包括案件事实发生时序分析以及办案证据形成时序分析，主要用于时间节点对认定事实如嫌疑人主观罪过有重要价值的案件，亦用于证据真实、合法性判断以及自首情节等问题的分析论证。而叙事法其实就是起诉、裁判文书制作的基本方法，可以称"夹叙夹议"方法。叙就是认定事实，议就是为事实配置证据并作证据评价。同时经常需要进行不同叙事的比较及对方叙事强弱点的分析。讲课时，我直接将自己办案的证据构造分析案例、案件时序分析表以及叙事法分析实例用于教学。教学效果如何不宜自吹，但是普遍的一种反映是：你讲的我们听懂了。

中国的法科教学最缺的是实务教学，学生学一门课通常就是背一背教科书，考试60分以上万事大吉。专业实习也在一定程度上流于形式。所以无论是律师事务所还是检察院、法院，都感到即使是研究生，到单位后也不能立刻办案，需要实践好长时间才能上手。这是公认的问题，为此，有关方面制定了从司法机关为法学院聘实务教师的办法。这固然是解决问题的一条途径，但由于大学课程尤其是本科课程安排后雷打不动，而为本职工作所累的法官、检察官难以协调本职、兼职矛盾。加之据我观察，会办案的法官、检察官不少，但能系统地为法科学生讲好课的不多，因为教学、研究与办案还是有区别。因此，法学院如果多一些了解实务会进行实务教学的教授，利用这种常规教学路径改善学生学以致用的条件，法科教学水平会得到提高。

不过，有的人可能会说，教授了解实务不一定就要做律师办案，去挂职、去调研等，也是了解实际的好方法，而且这些途径避免了利益牵扯。这个说法本来也不错，但是，我认为，如果真正要了解中国司法是如何展开的，把握各种显规则如何运行，潜规则如何发挥作用，不办案是难以获得真实体验的。教授去挂职办案的不多，即使办也很有限；去司法机关调研，更容易浮在表面。而要体会司法的中国特色，从微观运作看制度运行，可能还是需要直接去办一些案件。例如，中国的刑事大要案件审理，实际遵循的是一种与一般刑事案件有区别的逻辑，常常更注意遵循法律程序，但有时又因特别讲政治而可能使程序虚置。而不同的案件，因案件特点、办案地区、指导机关和办案人员的不同，对问题的处理又有区别。这类案件办理常常要签保密文书，所涉情况外人难以管窥。然而，如果没有此类大案的观察体验，你可能不会真正读懂何谓中国特色的刑事司法。

此外，教授办案还有一点容易受到质疑，即教授应当有客观和无偏倚的学术立场，常做辩护律师，你可能出现价值偏斜而背离客观中立。这种情况可能出现，但我认为并非必然。一方面，有一个心理自律与调整的问题。教授需要客观性，但律师也不能背离客观性，虽然他常常要站在当事人的立场考虑客观性问题。在基本立场不变的情况下，因不同语境而有不同的言说似乎不致形成人格的分裂。我虽然在法律实务上可能与控诉方形成观点上的对抗，但并不排除一般情况下彼此的理解。因此，无论是我写的检察教科书还是检察实务与改革的论文，似乎并未体现出明显的价值偏倚。这又有自我吹捧之嫌。但从获得的理论成果奖，经常的讲课邀请和咨询，以及系统上下的反映看，可能也不算乱说吧。另一方面，也要注意，中国目前的状况仍然是国家权力十分强大而制约不够，公民权利较为弱小而保障不足。在强势的国家声音中，有一些教授能站在公民及当事人的立场，为公民权利保障多说一点话，可能正是平衡社会关系的需要，虽然教授的声音比较微弱，尤其在当下。

最后还有一个问题，就是教授办案，是否会利用师生关系影响司法公正。我的体会，不能说师生关系没有意义，不过这只是许多可能影响司法的社会关系之一，而在正常情况下，对司法公正一般不致形成负面影响。道理很简单——其间并无利益关系。也许你在学校或校外给他上过课，法官、检察官可能会给你必要的尊重，但仅此而已。案子该如何诉，如何判，仍然循例展开，因为这是他们的基本职责和责任所系。在我原来工作的重庆市，经常遇到控辩审三方是西政同学，甚至偶尔遇到辩护人是西政老师的情况，但是各自履行职责，对办案并无负面影响。不过，也有两点需要注意，一是教授的自律和自重，不要试图以师生关系影响办案，无论这样做有无作用；二是如果遇到教授律师与学生法官有较密切的关系，比如该法官曾是自己直接指导的硕士生和博士生，则应注意自觉回避，以避免妨碍司法的外观公正。

　　讲以上这些好处，并不是否认教授办案可能发生的弊端。一些教授本系教学骨干，本职负担较重，有时也不便协调本职、兼职矛盾。还有的处理不好外部关系，出去办案总爱"端着"，不能放低身段，或者滥用师生关系，等等。因此，对此也不宜普遍提倡。是否适合兼职，也是因人而异。就本人而言，除了以上所言于研究、教学的益处外，也是由于自己办案出身，业务较熟，当意见被采纳、辩护获好评时，多少有一点另类的"成就感"，我称其为"技术的愉悦"。

我与犯罪学三十年

王文生*

　　一个偶然的机会，我走上了从事犯罪学研究的道路，屈指算来，已经
30 年有余。我从一个风华正茂的青年法官，成长为一名集高级法官、高级
检察官、高级警官、高级律师、法学教授、博士生导师于一身的资深法律
人。三十年风风雨雨，三十年暑往秋来，三十年风雨兼程，三十年收获满
满，我见证了中国犯罪学研究的繁荣和中国法治的进步。

从中国犯罪学研究会理事到常务理事

　　1989 年，我时任吉林省四平市中级人民法院副院长，考入了中国高
级法官培训中心委托中国人民大学法律系举办的首届刑法高级法官班。
高级法官班除高铭暄、王作富等法学泰斗授课外，从事犯罪学研究的阴
家宝老师和青年法学家赵秉志、陈兴良、姜伟、周振想也为我们上课。
经赵秉志老师介绍，我结识了中国青少年犯罪研究会执行会长、中国政
法大学教授郭翔，郭翔介绍我加入中国青少年犯罪研究会，从此我踏进
了犯罪学研究领域，走上了犯罪学研究之路。1995 年经阴家宝教授介
绍，我加入了中国法学会犯罪学研究会，参加中国法学会犯罪学研究会
在南阳召开的第四届学术研讨会，在会上被选为理事。1998 年 8 月被选
为中国犯罪学研究会常务理事，至今已连任 20 余年，并被中国行为法学
会越轨预防与矫治研究会选为常务理事。

---

　　* 作者为北京冠衡(长春)律师事务所主任,吉林大学博士生导师。

由研究青少年犯罪到研究企业家犯罪

30 年来，我的工作单位和职务发生了多次变化，我的研究重点也随着工作变化而变化。我在任四平市中级人民法院副院长期间，长期分管刑事审判工作，特别是分管未成年人审判工作，因此，我的犯罪学研究重点是青少年犯罪。1993 年，我参加了最高人民法院在呼和浩特召开的全国少年法庭工作会议，就我的论文《论少年法庭工作的巩固和提高》在大会上进行了交流。1995 年 11 月，我随中国青少年犯罪研究会代表团参加了在澳大利亚塔斯马尼亚省召开的罪犯的教育、就业和培训国际学术研讨会并在大会上发言，获得好评。论文《少年犯罪和少年刑事审判》在澳大利亚期刊上公开发表。

1995 年 10 月，我就任四平市司法局局长兼英城监狱第一政委，由一级警督晋升为三级警监。我发现刑满释放解除劳教人员重新犯罪率比较高，而其中很重要的原因是他们刑满释放解除劳教之后无家可归、无业可就、无人可帮，极易产生报复社会的心理，一旦犯罪，如杀人、抢劫等，就手段残忍、社会危害性极大。因此我把预防刑满释放解除劳教人员重新犯罪作为犯罪学研究的重点，也作为司法局工作的重点，多次召开刑释解教人员安置帮教工作经验交流会，总结、交流典型经验，并且请改造好的释解人员大会发言，现身说法。陪同政法委书记带领社区居民委员会主任到监狱与在押犯进行心与心的沟通和交流，让他们感受到家乡没有忘记他们，解除他们的后顾之忧，让他们安心改造。

2004 年 1 月，我升任吉林省辽源市人民检察院检察长，针对职务犯罪居高不下的状况，我把研究重点放在了职务犯罪领域，并针对易发职务犯罪的部门和系统进行职务犯罪预防授课。每次授课都由市委党校常务副校长主持，分管副书记或副市长做动员讲话，我亲自讲课。我还为全市县处级领导干部作了职务犯罪的特点、成因及对策专题讲座。此间经研究发现我国死刑立法罪名过多、死刑适用过多的状况，便着手死刑犯罪研究。

2011 年，我组建了北京冠衡（长春）律师事务所，发现企业家犯罪居高不下，便把犯罪学研究重点放在企业家犯罪，特别是民营企业家犯罪领域。北京师范大学中国企业家刑事风险防控研究中心共举办了七次论坛，从第二届开始我每次都在大会上发言。为了预防企业家犯罪，我还协调吉林省法学会犯罪预防研究会等有关部门，从 2015 年开始举办吉林省企业家刑事法律风险防范高端论坛。

从承办市级学术研讨会到承办和协办国家级和国际学术研讨会

在四平市司法局工作期间，四平市司法局主办了四平市青少年犯罪研究会成立大会暨首届学术研讨会；在辽源市人民检察院工作期间，辽源市人民检察院承办了中国法学会犯罪学研究会第十七届学术研讨会，200 余名专家学者到会。由于班子成员齐心协力，动员两级检察机关投入人力，学术研讨会安排得井井有条，服务热情周到，被与会者称为 17 年来最好的一次会议。

2007 年 4 月，我所在的辽源市人民检察院承办了中欧遏制刑讯逼供合作项目辽源试点国际圆桌讨论会，2008 年 11 月 15 日，辽源市人民检察院还承办了中欧遏制刑讯逼供合作项目结项暨辽源羁押巡视制度试点总结研讨会，《人民日报》《法制日报》《检察日报》等主流新闻媒体纷纷对会议进行了报道，好评如潮。

北京冠衡（长春）律师事务所于 2012 年 2 月协办了吉林大学法学院主办的死刑的控制国际学术研讨会，后来又协办了媒体与死刑控制学术研讨会。2012 年 8 月 6 日，中国人民大学法学院刑事错案研究中心主任何家弘教授与我联系，由我从中牵线搭桥，协调有关部门协办了中国人民大学法学院刑事法律科学研究中心和吉林大学法学院刑事法律科学研究中心主办的预防刑事错案国际学术研讨会。北京冠衡（长春）律师事务所从 2015 年开始承办或主办了三届吉林省企业家刑事法律风险防范学术研讨会。

我曾工作的单位的干警或律师都参加了这些学术研讨会，这些研讨会不仅对于我本人而且对于参会的干警和律师夯实法学理论功底、提升执法能力和法律服务能力起到了不可估量的作用。

从地级市会场到北京人民大会堂

30 年来，我每年都参加国家级乃至国际学术研讨会，如中国青少年犯罪研究会学术研讨会、中国法学会犯罪学研究会学术研讨会、死刑的司法控制国际学术研讨会、中欧反酷刑国际学术研讨会、预防刑事错案国际学术研讨会、侦查讯问程序国际学术研讨会、有组织犯罪国际学术研讨会等。这些学术研讨会有的在地市级城市召开，有的在省会城市召开，其中有两次在北京人民大会堂召开。通过参加这些高端学术研讨会，我开阔了视野，知识骤长，进而提高了法学研究能力和运用法学理论指导司法实践的能力。1994 年 11 月，中国青少年犯罪研究会在北京人民大会堂召开了全国青少年犯罪研究先进集体表彰大会暨学术研讨会，时任全国人大常委会副委员长雷洁琼出席会议并讲话，中国青少年犯罪研究会原会长张黎群到会讲话。四平市中级人民法院被评为全国青少年犯罪研究先进集体，我代表吉林省四平市中级人民法院在表彰大会上登台领奖，并且在学术研讨会上以《有益的探索、伟大的奉献》为题作了发言。2002 年 8 月，中国青少年犯罪研究会在北京人民大会堂召开了中国青少年犯罪研究会成立 20 周年纪念会，我第二次在北京人民大会堂参加中国青少年犯罪研究会主办的会议，我所在的四平市司法局和我担任会长的四平市青少年犯罪研究会双双被中国青少年犯罪研究会评为先进集体，我个人也被中国青少年犯罪研究会评为全国青少年犯罪研究先进团体工作者。

以理论创新促进工作创新、推动法治进步

美国著名的大法官霍姆斯有言，"法律的生命不在于逻辑而在于经验"；我国著名大法官胡云腾说，"法的生命在于应用"。作为在基层政法部门工作的领导，我始终坚持以理论创新推动工作机制创新，理论与实践紧密结合，用理论指导司法实务。

第一，在四平市中级人民法院推广了公主岭市人民法院在全省设立的第一个未成年人案件审判庭的经验，协调编委等有关部门在全市两级

法院设立少年法庭，专门审理未成年人犯罪案件，落实未成年人案件圆桌式的审判审理方式，对涉嫌未成年人犯罪的嫌疑人和被告人实行分押分管，对未成年人犯罪全面落实"教育、感化、挽救"的六字方针。公主岭市人民法院未成年人案件审判庭成为最高人民法院少年法庭工作联系点，其经验得到了最高人民法院专门负责少年法庭工作的雷迅、吉林省人大常委会副主任可沐云的充分肯定。

第二，成立了四平市青少年犯罪研究会并担任会长，并且召开了学术研讨会，中国青少年犯罪研究会执行会长郭翔到会并讲话，社会反响良好。编撰了四平市青少年犯罪研究论文集，在四平市社会科学界联合会主办的《四平社会科学》发表。

第三，协调市编委在四平市司法局建立了安置帮教工作处，在县市区司法局建立了安置帮教工作科，在乡镇建立了安置帮教工作站，在村民委员会和居民委员会设立联络员，对刑满释放解除劳教人员登记造册，落实帮教措施，做到刑释解教人员回到社会后有人帮、有人管，化消极因素为积极因素，有效地预防了刑释解教人员重新犯罪。四平市司法局被吉林省司法厅评为全省安置帮教工作先进集体。

第四，协调有关部门成立辽源市预防职务犯罪协会，并且召开学术研讨会。

第五，以辽源市委党校为依托，协调有关部门建立了辽源市预防职务犯罪教育基地，卓有成效地开展了预防职务犯罪工作。

第六，协调有关部门在辽源市龙山区人民检察院设立未成年人犯罪案件检察科，专门负责全市各县、市、区公安机关移送的涉嫌犯罪的未成年人案件。

第七，与中国人民大学诉讼制度与司法改革研究中心联合承担了中欧遏制刑讯逼供合作项目暨辽源羁押巡视制度试点。此试点得到了最高立法机关、最高审判机关、最高检察机关以及《人民日报》《法制日报》《检察日报》等主流媒体和专家学者的好评。正如我的导师樊崇义教授在接受《人民日报》采访时所说："无论是一大步还是一小步，必定使中国法治建设向前迈进了一步。"中国政法大学教授顾永忠在宁夏吴忠召开的中欧合作项目总结暨看守所羁押投诉处理机制学术研讨会上的讲话中指出："王检是第一个敢吃螃蟹的人，顶着巨大压力承担了中欧遏制刑讯逼供合作项目。"

第八，与吉林大学法学院合作在北京冠衡（长春）律师事务所设立了企业家刑事法律风险防范研究中心。

第九，在北京冠衡（长春）律师事务所建立了中国人民大学法学院、吉林大学法学院等 10 所高校法学院系教学研究基地，建立了中国法治实践学派（吉林）调研基地，聘请高铭暄、王作富、樊崇义、王牧、崔敏、陈兴良、高桂军、袁其国、何家弘等犯罪学和刑法学家为北京冠衡（长春）律师事务所法学专家咨询委员会委员，以提高律师刑事辩护的质量和法律服务能力。创办"文生书苑"，定期举办"文生书苑"读书沙龙，推进全民阅读，使公民与伟大的灵魂对话，树立高尚的道德情操，从而有效地预防犯罪。

第十，报请吉林省法学会成立吉林省法学会企业家与公职人员法律风险研究会。

从专题学术报告到文生律师大讲堂

法律的功能不仅仅在于惩罚已然，更重要的是防患于未然。

30 年来，我一直致力于防患于未然、预防犯罪的工作，利用中国人民大学、中国政法大学、国家法官学院、国家律师学院、吉林大学、东北师范大学等院校兼职法学教授和吉林大学法学院博士生导师、中国人民大学法学院刑事错案研究中心兼职研究员、长春市"七五"普法讲师团成员、长春市法学会新时代传习所讲师团成员等社会兼职的优势，在众多高等院校及吉林社科讲坛、北京市律师协会、长春市律师协会作专题学术报告普及法律知识。

2006 年 12 月 25 日，我还高起点举行了"文生律师大讲堂"启动仪式，组织 200 多名企业家参加，由我主讲"企业及企业家法律风险防范"。2018 年 5 月 5 日，"文生律师大讲堂"揭牌仪式在北京冠衡（长春）律师事务所举行，并由吉林省吉商商会、吉林省小微商会承办，组织民营企业家听取"企业及企业家法律风险防范"讲座。2018 年 7 月 21

日，"文生律师大讲堂"举办"企业及企业家刑事法律风险防范"专题研讨会，我国著名法学家、法学泰斗高铭暄教授和全国检察业务专家韩起祥到会作点评发言。迄今为止，"文生律师大讲堂"已经成功举办了24讲，先后走进了国企、民企，走进了党委、政府机关，走进了学校、社区、村民委员会，起到了普及法律知识、预防纠纷、预防犯罪的作用，社会各界反响良好，特别是企业家们纷纷要求"文生律师大讲堂"常态化。

由发表学术论文到著书立说

一分耕耘，一分收获，有耕耘就有收获。30 年来，我在犯罪学研究这块学术沃土里辛勤地播种和耕耘，盘点起来小有成绩，也可以称得上硕果累累。在《法学家》《当代法学》《法学杂志》《中国司法》《社会科学战线》《人民日报》《法制日报》等报刊公开发表有关犯罪学学术论文三十余篇，其中有十余篇文章在中国法学会、中国青少年犯罪研究会、最高人民法院、最高人民检察院、司法部、吉林省人民政府社会科学成果奖评选中获奖。由王作富、刘家琛、陈兴良教授作序的《强奸罪判解研究》一书由人民法院出版社出版后，于 2006 年 12 月荣获最高人民检察院第四届全国检察机关精神文明建设"金鼎奖"图书期刊类三等奖，2007 年 12 月荣获吉林省第七届社会科学优秀成果奖二等奖。我还担任中国人民公安大学出版社出版的《我国反腐败机制完善与联合国反腐败措施》副主编，并担任第五章撰稿人。2011 年 4 月，我担任了吉林省纪委主持的"防治腐败法"课题研究领导小组副组长，参与了课题研究专家学者论证会议并且参与了对文本初稿的修改。

30 年来，我前后参加 30 余次与犯罪学有关的国家级和国际学术研讨会，并在大会上发言，谈自己的学术观点，并提出自己的立法和司法建议。我国著名法学家张明楷教授有言："法学是一门能够唤起激情、满足自尊、维护公平正义的幸福之学。""书山有路勤为径，学海无涯'乐'作舟"，法学研究虽苦，但苦中有乐，苦尽甘来，法学研究占据了我大部分业余时间，为此我度过了无数不眠之夜。记得在《社会科学战线》发表的《限制死刑的司法适用——法律职业共同体的共同历史使命》一文，是在海峡两岸学术研讨会报告的前夜，我从辽源驶往省城的车上"盲写"而成了发言提纲，后因《社会科学战线》约稿，又用了两个昼夜奋笔疾书而最后成稿。当人们用各种方式庆祝世纪之交的时候，我则在撰写《强奸罪判解研究》一书中迎来了新世纪，用完了墨水瓶中的最后一滴墨水。

30 年来在法学研究特别是犯罪学研究的道路上，我享受到了法学知识、法学理论与司法实务相结合所带来的快乐。我将一如既往，生命不息、研究不止，百尺竿头、再进一步，为繁荣法学理论研究、预防犯罪、努力实现习近平总书记提出的满足人民对美好生活的向往的目标、建设法治中国尽绵薄之力，作出自己应有的贡献。

布莱恩·查普曼的《警察国家》

张建伟[*]

　　美国学者布莱恩·查普曼（Brian Chapman）著有《警察国家》一书，该书追溯了西方世界警察国家的历史和成因，分析了警察国家的特征与趋势。在我有限的阅读范围内，还没有见到过第二本同一主题的书，此书弥足珍贵，是不消说的。

　　警察国家"Police State"一词是在 20 世纪 30 年代末期由德文"Polizeistaat"翻译成英文。对于"警察国家"所下的定义是这样的："该术语习惯上被用来不分意识形态地描述任何一种不受社会控制地使用有组织暴力的、强制性手段可以任意滥用或者有组织暴力和强制性手段只为统治上层目的服务的政治体制。这意味着没有法治，或者没有独立于警察和统治者的自治法律机制——在这种国家里，警察对法律有广泛的、毋庸置疑的解释权。警察能够逮捕、长期监禁被捕者，使用刑讯，为其自己的目的解释现有法律并推翻独立的司法调查结果。警察对于自己的预算拥有大量的自主权；他们甚至有权从群众那里勒索钱财，进行犯罪活动，为自己筹措资金。其主要目标是镇压统治者和他们自己认为不合意的一切活动。"

　　毫无疑问，警察权具有保障人民安全、促进人民福利、改善社会状况等重要而积极的机能，为国家与社会不可缺少的公共机制。不过，警察权如其他国家权力一样，很容易被滥用。特别是，基于这种权力的性质，与其他国家权力相比，它更容易走向暴虐与专横。查普曼在书中分析说：首先，警察权天然具有武断的性质，"无论警察权如何在形式上

---

　　[*] 作者为清华大学法学院教授。

受到适当程序、客观专家的证据或独立的裁定等主张的控制，它们的应用仍属于警察工作范围之内，而那基本上必然就是武断的"。此外，"无论理论上法律规定得如何紧密，在实际上法律之应用是随意的及不明确的"。现代警察权力的部分性质便是有选择性的，而依定义说，此即意含选择权，在现代的社会中，行政之复杂程度使得如果所有的法律及警察法令全部执行的话，所有的市民将会成为犯罪者。不仅如此，警察权具有武力性质，"警察的权力最终基于正当合理使用武力是无可置疑的。物理的强制力是国家的特质之一，因而在这方面警察武力（及军人）则是强制力的代理人（行为者）"。权力都有滥用的倾向，警察权力也不例外，"警察使用武力超过其达到目的之所需，或是以不正当合理的手段运用其武力"。还有，"警察的工作在本质上是必须情报化的，因为这是情报的获取而不是罪恶的侦查，情报可使警察事先响起警报而提高警觉，而不是事后的补救。此项工作的大部分不免涉及人民的自由，虽则他们没有意图涉入非法的行为，或没有明显颠覆意图的表示，警察只认为让时间证实谁是谁非，因此安全的代价是永久不断的警戒"。总之，"警察权力的武断运用，残酷手段，侦查机密，企图使本身的命令称为法律等，都是所有警察系统的固有特征。这些特征源于警察工作的性质，很明显，现代科技的变迁已增加了滥用权力的可能性，手持警棒比之使用催泪弹是一种非常古老的手段，对于警察来说，则更具危险性；电力的使用比之电池的撞击远为有效；自从必须拆开信件的时期，通信的截取已改变了它本身的性质"。

警察国家有传统与现代之分，查普曼解释说："传统的警察国家在整个十八世纪与十九世纪初发展的时候所具有的一些基本特征，传统警察国家是由于改革与现代化的需求而产生，未来达到革新与现代化的目标，其创立者确定了一套结构化的社会模式和形式化的行政阶层组织，传统警察国家是基于社会和行政的合理分工而来，而其秩序，形式与纪律的官僚价值，则从官僚扩及公民的公私生活。"在现代社会，英国人、美国人率先对警察人员及警察勤务抱持一种怀疑态度，对于"警察国家"一词也赋予其道德上的谴责的含义。尤其是纳粹德国兴起后，"警察国家"与德国建立的国家社会主义连接在一起从而成为负面概念，

"警察国家"被定义为："一个政治单元（如一个国家），其特征如下：由警察特别是秘密警察，运用专断权力，对政治、经济及社会生活作压制性的政府控制，而替代了政府中行政、司法机关所依据之已确立法定程序的一般运作。"这意味着它不是一个宪政国家，也不是一个法治国家，而具有非理性、情感化与歇斯底里的倾向，违背了自由主义者的天性和具有善良特点的人类意志。

人们常将警察国家与纳粹德国联系在一起，"国家社会主义时代的德国，其行政历史可分为两个阶段。第一个阶段是一九三三年到一九三九年，在此阶段中，德国的法学家以及后来的许多观察家，都认为德国具备了一个警察国家所有的许多特征，我们将视此时期的德国为现代警察国家（Modern Police State）。在一九三九年到一九四四年，产生了一种新的国家形式，极权警察国家（Totalitarian Police State）"。纳粹德国"经由宪法的变革，而使德国从自由民主政体转变为独裁政府"。另外，"实行永久紧急状态，以便日后在制度上或司法上的变革有合法的依据"。此时，纳粹党与国家合二为一，党的一些机构被赋予了国家的权力，"党有一个唯一的声音，此即领袖的声音"。于是"朕即国家"的现代版就出现了，"德国宪法中便产生了两个平行的法源：一则是国家权威，这是基于传统的宪法及行政与紧急状态，其乃提供维持政府的正常机能。另一则是法外权威，它是由领袖所赋予，完全以领袖的意志为意志，且其优于国家权威，因为随时单一指导的意志将公布其为权宜。因此，国家权威只不过是给予领袖的非正式的法令一个正式的印鉴而已。而党和警察则从法外权威中获得重大的利益"。这一切都发生在纳粹党掌握政权之后，"国家社会主义政府于一九三三年取得执政权后，就开始组织了一个新的警察系统"。1933 年 4 月 26 日颁行法律，组织国家秘密警察，即"盖世太保"。法律的限制被打破，"在德国境内，地方允许警察之运作可不必顾及立法上对于其行动之限制"。希特勒"使警察成为他个人的工具"。在警察恐怖政策之下，司法组织受到影响，"此司法组织在欧洲国家中并非最好，许多优秀的司法人员均偏好探究司法学理的乐趣，而不喜欢担起法官的责任。在欧洲，司法是以其敏锐与富创造力的学理闻名，而司法之清明与自由主义却不出色。然而它毕竟是一个强大而有价值的组织，国家社会主义党持着与别国的激进分子相同的看法，怀疑司法组织太稳固、保守而缺乏改革的热诚"。司法组织成为纳粹德国的新政策的牺牲品，"希特勒以帝国首相的地位获得了支配国家组织的权力，又以德国人民领袖的身份取得宪法外的权威"。在这种情况下，"司法机关因此不得不适用残酷的法律"。由此一来，司法机关完全处于附属的地位。不仅如此，"在党与警察的控制下，设立了特别的'人民法院'（People's Court），负责处理各种的新犯罪案。警察执行及时惩罚（Summary Punishments），传统的权力被大大加强了。同时，警察行政上引起批评的部分，追溯到往昔传统警察国家的事实，乃再次免于受司法组织的控制。就这样，不单只建立了一个与司法部门相平行的法律体系，同时也产生了一个司法行政上的平行体系；使得整个司法权力范围脱离正常司法的管辖，而落在由警察机构或其属下所支配的机关中"。不仅如此，纳粹德国还"经由奇妙地使用文字、形式与武力使传统的司法体系化为无效"。

人们对于"警察国家"怀有恐惧心理，是因为担心"警察权力将会被蓄意地滥用，而警察机关及其人员将会以一种异常威吓的姿态出现"。在传统的警察国家里，"当时主要的恐惧表现在秘密的及不断的监视，这是十分为人所怨恨的"，经过极权警察国家的噩梦后，人们更希望有机构能够抑制警察的权力使之得到正当行使，司法机关对于侦查权的有效控制成为这一期望的寄托之所，"审判中心主义"在这种期待中应运而生。人们通过完善刑事诉讼程序来规范警察行为，防止暴力威胁引诱欺骗等非法方法取证，通过全程录音录像、律师介入以及司法令状制度、司法审批等方式对警察权加以控制，防止"秘密的暴力"。

值得一提的是，日本在第二次世界大战后提出"公判中心主义"有抑制警察权的考虑。在战前，"日本的警察组织有一种像理念之监护者的地位——如果我们视强迫性的国家宗教与政治理念是同一东西的话。警察机关拟定警察规条法令去治理社会生活，注重'思想控制'排除异己，因为它都认为是与内部颠覆的问题有关。警察局的神社部（Shrines）指挥国家神道的信徒（Shinto）本身是一种对天皇崇拜的制度表现，它透过行政管辖的系统可有效限制司法的独立"。日本在第二次世界大战之后进行刑事诉讼制度改革，提出"公审中心主义"的改革主张，主要针对的是"二战"期间军国主义猖獗，日本的警察和检察官充当军国主义鹰犬的角色，"以侦查为中心"在政治意义上就是突出警察或者检察官的地位与作用，法官及其庭审工作成为检警的橡皮图章。"以审判为中心"具有抑制"警察国家"形成的机制，可以借此塑造法官、检察官、警察关系，提升法院的权威和法官凌驾于警察与检察官之上的地位。

在现代法治社会，"警察国家"已经成为历史的一个梦魇，尽管如此，人们仍需要时刻警惕，并注重以司法权来抑制警察权，避免"警察国家"再度形成，这正是现代司法制度与诉讼程序的使命。读布莱恩·查普曼所著《警察国家》一书，看到他为"警察国家"勾勒的画像，可以对现代法治原则、司法制度与诉讼程序维护个人自由权利的功能有一个新的认识，并获得"警察国家"的清晰概念，进而从历史与现实角度思考人类进步的意义。在我看来，这正是这一类书开卷有益之处。

问题意识的问题

林来梵*

托尔斯泰曾说过:"幸福的家庭是相似的,不幸的家庭各有各的不幸。"这句话可以套到论文上来说:好的论文是相似的,不好的论文各有各的不好。

好的论文,在哪些方面是相似的呢?简言之,在一般的标准方面是相似的。这一般的标准就是:选题适合、方法得当、资料翔实、文字通达、论证充分、富有创新等。这些标准几乎是通行的,可以说古今中外的标准都差不多。

但这些通行标准一旦再具体化一些,也可能就有一些问题,值得我们去反思。如果不反思的话,我们似乎也能够按照这些标准写出好文章来,或者说写出被认为是好文章的文章来,但也有意想不到的问题。

比如说前述的第一个标准——选题适合,这几乎是铁律。我们不难发现:好论文需有好选题。可以说,你获得一个好选题,你的文章写作就成功了一半。好选题之所以这么重要,是因为好选题会刺激我们深入思考,引导我们不断探索,甚而把我们引向佳境,写出一篇锦绣文章。有一次我指导一个法律硕士写毕业论文,定了一个题目,叫《有关谣言的法学分析》。我告诉他:现在,你基本上成功一半了。因为我们生活在一个特别需要从法学角度对"谣言"这个概念予以严格的界定并且解决相关问题的时代。

那么,好选题的具体标准又是什么呢?有关这个,就见仁见智了。通行的观点是,写文章得有问题意识。但什么叫问题意识呢?或许可以

---

* 作者为清华大学法学院教授。

说，就是能够抓住一个有意义的问题。如果你没有抓住这类问题，你可能就泛泛而谈，焦点不集中、重点不突出、观点没创新，就谈不上选题适当。

但我们也要追问：到底什么叫"问题意识"中的"问题"？中国人所讲的"问题"太笼统了，不像英语需要好几个单词来表达"问题"这个概念，比如 question、problem、issue、trouble，它们都可以翻译成"问题"。那么我们所讲的问题意识的"问题"有哪些呢？初步可以分为两类：一种是现实的问题，比如说 problem、trouble；还有一种倾向属于理论问题，比如 question、issue。那么，我们所说的问题意识，到底指的是现实问题还是理论问题呢？这首先是一个需要澄清的问题。

有趣的是，据我的观察，一般来说，根据当今中国通行的观念，好论文中所讲的"问题"，主要是指现实问题。我自己曾经担任过一本期刊的主编，有一次向期刊界的一位同行求教，他是一家权威期刊的编辑。我问：你们喜欢发表什么文章？他坦诚相告：我们喜欢发表的是那种能够抓住在中国法治事业发展当中所遇到的理论问题的文章。我继续问他：那么，你们发表不发表那些能抓住在理论研究中遇到的理论问题的文章呢？他听后迟疑了一下，说"那也可以考虑"。不难看出，在他看来，其实二者还是有差别的。而且，说是"理论问题"，实际上还是那些在现实当中遇到的、需要一定的理论去解决的现实问题而已。

这个偏好不能说是根本错误的，但是，也值得反思。

好文章的好选题，真的仅仅局限于现实问题吗？我不认为。如果真的是这样，那么人类学说史当中许多精彩篇章都要被删除，比如康德的思想。众所周知，康德开启了德国近代古典观念哲学的先河，他的三大"批判"可以看作是人类哲学思想的洪峰之一。他的人格理论，他的有关理性的理论、有关意志的理论对人类思想影响至深，包括对我们法学都具有根本性的影响。但是康德要解决的是什么问题？用最简单的语言说，其实就是一个理论问题。康德所处的时代，欧洲有两大思潮，一个是以洛克和休谟为代表的经验主义哲学，认为人类的知识都是来自经验，来自现实的实践；另一思潮则是以笛卡尔为代表的理性主义，认为人类的知识来自理性。这两种思潮是完全对立的，于是便产生了一个理论问题：到底人类的知识来自哪里？这就是康德所要解决的问题。他通过思考和研究，认为人类的知识是离不开经验的，经验是人类获得知识的一个必要条件，但不是充分条件，人类要获得知识还需要理性。他解决的是理论研究过程中所遇到的理论问题，而且特别宏大。恰恰因为这样，他成功摘取到了人类哲学桂冠上的明珠。

康德的思想恰恰也说明了人类思考问题一方面要重视经验，在经验中获取知识，但另一方面也要重视理性思考，而不能片面强调其中某一方面。具体到我们论文的选题来说，它既可以是现实中的问题，也可以是纯理论的问题，即理论研究中遇到的理论问题。

那么，为什么我们既要重视实践问题又要重视理论问题呢？这跟当今中国法学发展所处的阶段也不无关系。当今中国法学发展应该说还处于初级阶段。我们新中国现代法学的历史，从"文革"后全面恢复法治事业起算，迄今大致也只有四十年的历史。所以每一个法学内部的学科都存在着学科重建的要务。在此过程中，许多学科难免连一些基本的概念、基本的原理都没有搞清楚。在这种情况下，我们一方面需要对现实问题进行研究，解决在法治事业发展中所遇到的迫切需要解决的现实问题，但另一方面，为了我们的法学学科建设，对一些最基础的理论、基本的概念也必须予以研究，而且这方面的研究某种意义上更为重要，否则我们就无法获得理论上的指向去有效地解决现实当中所遭遇的问题。

当然我们也要承认，法学这一学科具有非常明显的实践性，确实也要研究一些现实问题。有的人主张要研究判例问题，研究案例。曾听到一位学者在一个重要的会议上讨论如何写文章，她认为当今中国法学研究所存在的一个非常要命的偏向就是与司法判例研究根本脱节，为此法学研究变成空谈，不接地气，回应不了司法实践。这种实务至上主义的想法其实颇为偏狭，但这个说法的苦心我们也能理解。只是，判例研究实际上也涉及基础理论研究，需要理论指导，而且这个理论必须是预先存在的理论。没有理论指导的判例研究，只会变成雕虫小技。

这可以联想到中国古代律学的命运。中国古代律学的发展不可谓不详备，如果观览学说史，到明清时期，中国的律学研究已到了非常精致的地步，其对律例法条的注解，对案例的分析，令人叹为观止。但是，中国古代的律学始终没有成为一个学问体系，始终不成大器。从精神史发展的角度看，这有多方面的原因，其中之一就是中国古代律学没有方法论的自觉，没有总体性的分析框架，没有基础性的理论体系，所以始终发展不出一门大学问来。当然，这跟中国传统文化结构又有关系。苏东坡说"读书万卷不读律"，这就表现了中国古代高级知识分子对律学的鄙薄，即智商最高的一批知识人不认为这里面有学问，不参与这种学问的拓展。我们现在有了现代法学，这是从西方引进的学术体系。

那么，为什么中国发展不出现代法学，欧洲可以发展出现代法学呢？原因就在人家有方法论的自觉。这种方法论最初是从神学当中学到了教义学的技艺，此后不断发展，提取出许多基础理论，建立了总体的分析框架，最后发展成为粲然大备的现代法学。而我们则没有这样的成就。我们有自己的法律体系，但"中华法系"这个概念还是日本人穗积陈重帮我们提出来的。为什么我们自己提不出来类似的学术概念呢？说到底还是因为我们没有法学分析框架。所以我们说，理论的研究分析非常重要。

说到这里，我就想起北大法学院的陈端洪教授。前几年，他曾去香港中联办挂了几年职。我知道，他并不是想去做官的，而是想去接触实务，了解实践问题。但事后有一次我们在一起喝酒，我就问他挂职三年有何感想，他说出一句惊人之语，"搞理论研究的千万不要随便和实践相结合"。他是不是有痛切的感受或者难言的苦衷，我也不知道。但是他这句话确实很令人深思。我个人的理解是：如果你在理论上没有形成一定的基础，定力不够，那么最好跟现实保持适度的距离，否则你很可能被现实所吞没。

为什么许多学生在大学里学了几年法学，起先还胸怀法治理想，结果毕业之后，在现实生活中没过几年，就成了现实的一个部分呢？原因就是自己的理论定力不够，所以很容易被现实同化。做研究也是这样。理论与现实相结合固然很重要，但是也要小心，因为我们所面临的现实非常强大，而且现实非常具有"狼性"，如果你跟着现实做研究，号称要"捕捉问题",其实你很容易被现实牵着鼻子走,在这种情况下,体系化的法学思考就根本难以成立。

　　说到最后,再补上一句:当前的中国,号称到处都有社会科学研究的"问题富矿",为什么偏偏没有出现康德那样的"大师"?说到底,可能都怪我们太重视"问题意识"。这种说法只会引导我们"头痛医头,脚痛医脚",很难自觉地构建宏大的学说体系。

"《唐律疏议》选读"随笔

马小红*

  "《唐律疏议》选读"是我给硕士研究生开设的一门选修课。选课的人出奇少，有一年仅有三个人选课。但我没想到的是这门课的收获较之于百人大课多得多。有时一百多人的大班必修课一上完，考试过后就鲜有学生再联系。更为恼人的是，一学期"中国古代法不是以刑为主"的观点反复讲得口干舌燥，结果一考试，总有不少学生还是要惯性地回答"中国古代法的特点是'以刑为主''重刑轻民''民刑不分'"，完全是以往教科书中的老套路。不知是这些学生没有来上课，还是身为老师的我没有把事情讲清楚。而一学期的"《唐律疏议》选读"课上下来，境况可就完全不同了。首先是固定的每周一次的见面，因为人少的缘故，师生之间彼此就成了"熟人"，从此以后情谊便牢不可破。现在回想起来，那些我能记得起名字，平时多有联系的学生几乎都是上过这门课的学生。更为重要的是，只要认真读过几条《唐律疏议》，学生都会有一种被"颠覆"感——惊讶于中国古人在立法时的思虑是如此周详，遣词用字是如此准确，对来自法律实践中的问题之解释也是如此充满智慧。每到最后一节课，由学生们自选题目主讲，也算是考试吧。每一个学生演讲之精彩也常常出乎我的意料。生动活泼的课件、条理清晰的讲述自不待言，重要的是能穿越古今、鲜活生动，真是把古人的法在现代的课堂上演"活"了。每一个学生对中国古代法的认识有了切实的转变，应该是他们上这门课的重要收获。

  应该说我在这门课上的收获是最多的。每一次课前的备课，虽然多

---

  * 作者为中国人民大学法学院教授。

是"温故"，但"温故而知新"的圣人之训在每一次的备课中都能有所体会。就拿人们耳熟能详的"七出"为例吧。

在"中国法制史"的必修课中，"七出"是必讲的基础知识。其通常被视为中国古代社会"男尊女卑"的铁证，近代以来饱受诟病。《辞源》中这样解释"七出"："古代社会丈夫遗弃妻子的藉口：一、无子；二、淫佚；三、不事舅姑（公婆）；四、口舌；五、窃盗；六、妒忌；七、恶疾。""这是为维护夫权而制定的迫害妇女的反动礼教。"通过阅读《唐律疏议》的原文，这种近代以来的"定见"似乎也有值得商榷之处。

首先，《唐律》的第 198 条并不是如我们教科书上所描述的那样，"妻子若犯有'七出'，丈夫即可休妻"。《唐律》的原文是："诸妻无七出及义绝之状，而出之者，徒一年半。"即，丈夫在妻子没有"七出"的情况下而休妻，是犯罪的行为，要判处一年半的徒刑。单从字面上理解，也足以体会到《唐律》的这条规定是禁止丈夫随意休妻的。

其次，"七出"的规定在令而不在律。《唐律疏议》中的"疏议"（解释）说，"七出"是令的条文。众所周知，《唐令》已佚，没有流传下来，但日本学者仁井田陞根据《唐令》的翻版日本《养老令》对唐令进行了尽可能的复原，根据仁井田陞的《唐令拾遗》，"七出"条的原文应该是这样的："凡弃妻，须有七出之状，一无子，二淫佚，三不事舅姑，四口舌，五窃盗，六妒忌，七恶疾。"如果把唐代的律、令结合起来理解，关于"七出"的规定应该是这样——唐令：妻子必须犯有七出之状，丈夫方可以休妻。唐律：如果妻子没有七出之状，丈夫休妻，将被判处徒一年半的刑罚，并使两人继续维持婚姻关系（即"追还合"）。

再次，《唐律疏议》的"问答"中还对"七出"作了更细致的规定，比如，如果要以"无子"的理由来休妻的话，那么必须等到妻子四十九岁以后，四十九岁以前无子者则不在"七出"之列，不构成"无子"之状。此外"七出"可以是丈夫单方面终止婚姻的事由，但这个规定并不具有强制性，即妻子有七出之状时是否休妻，是丈夫的自由选择。《太平广记》的"妒妇"传中记坊间传闻：唐太宗时期的著名宰相房玄龄的妻子是一位有名的"妒妇"。房玄龄屡次坚辞唐太宗为表示优崇而赐给他的美女。太宗知道房玄龄"怕老婆",就让皇后召房玄龄的夫人。初太宗对房太太好言相劝,告诉她高官纳妾,国有常制,自己赐给房玄龄美女对房玄龄来说是一种莫大的荣耀。但房太太"执心不徊"。太宗恩威并施,命人拿来一卮酒,告诉房太太如果如此嫉妒,只好赐死。不想,房太太将一卮酒一饮而尽,并大义凛然地说"我宁妒而死"。幸亏太宗命人拿来的酒并不是毒酒,原本也只是想吓唬一下"妒妇"。经过这样一番较量,太宗也怕了房太太,感叹道:"我尚畏见,何况于玄龄乎。"(我都怕见她,更何况房玄龄了。)著名诗人白居易也是老来无子,按说妻子犯有"七出"中的"无子"条。但白居易不仅没有休妻,反而作诗曰:"无儿虽命薄,有妻偕老矣。"可见,"七出"并不是强制性的休妻条件,反而应该是对休妻的限制。

第四,如果把"七出"视为限制休妻的条件,《唐律》还有进一步禁止休妻的规定,这就是"三不去"。《唐律疏议》是这样解释"三不去"的:"一,经持舅姑之丧;二,娶时贱后贵;三,有所受无所归。"即,作为妻子她曾与丈夫共同为公婆守丧三年;丈夫在娶妻子时身份贫贱而后来发达富贵;除夫家妻子已无宗可归者。《唐律》规定,如果妻子虽犯有"七出"之状(恶疾、奸除外),但同时又具有"三不去"之条,丈夫则不能休妻,如果休妻,将被处以杖一百下的刑罚,并使两人继续维持婚姻关系。

通过对《唐律疏议》"七出""三不去"的全面解读,竟然可以发现,在唐朝或中国古代,"陈世美"还真不是想当就能当成的。另外,我们以为在中国古代离婚只是丈夫一方的权利,其实也并不那么绝对。因为如上所述,丈夫在行使这个权利的时候有着诸多的条件限制,更何况《唐律》中尚有"和离"的规定,这就决定了在婚姻关系中,妻子也不只是待宰的羔羊。和离虽然不是什么光彩的事,但也不违背法律,《唐律》中规定"若夫妻不相安而和离者,不坐"。就是说,夫妻因为不和睦而解除婚姻关系,不会受到法律的惩罚。更为重要的是"和离"的含义是"两愿离者",就是夫妻双方都愿意解除婚姻关系。由此可见,中国古代社会的男尊女卑表现在婚姻方面,并不是妻子全然没有表达自己意志的机会。

　　"男尊女卑"是人类社会发展到一定阶段的产物，是古代社会的普遍现象，东方如此，西方也如此。如果说中国古代社会的男尊女卑有什么特点的话，那就是在重天理、人情的礼教背景下，中国古人创造的法律并未将这种"尊卑"向两极推向极端，而是辩证地兼顾尊卑双方的利益，尽最大可能使两者和睦依存。如果用"压迫越深，反抗越烈"的规律解释，近代中国缺乏"女权"运动，未必不是中国古代法文明这种辩证思维的智慧所赐。也许因为中国古代女子所受到的压迫没有像其他国家或地区那般深重，所以也就无法形成激烈的反抗运动。

　　"《唐律疏议》选读"课上类似"七出"这样可以深挖研究的课题几乎在每一堂课中都会出现。能提出问题、会解决问题，也许只有在这种学生因兴趣而来的小班课上方能得到实现，这种课的最大乐趣还在于教学相长、志同道合。

"一带一路"倡议实施中的知识产权保护

徐家力[*]

推进"丝绸之路经济带"和"21世纪海上丝绸之路"（简称"一带一路"）建设是国家主席习近平在2013年提出的重大倡议。这一倡议的提出顺应区域和全球合作的潮流，引起沿线国家和地区的广泛共鸣与积极响应。"一带一路"倡议的实施为我国企业在国际市场上的发展带来了重要契机，但同时也对企业的知识产权保护提出了严峻考验。我国的技术创新很多是以消化吸收引进技术为基础的，存在同原技术所有人产生知识产权纠纷的风险。另外，我国的自主创新还面临着被国外的企业或个人侵权的问题。

知识产权保护的国内和国际环境

在国内环境方面，近些年来，我国的知识产权呈高速发展态势。以专利申请为例，2015年我国共受理专利279.9万件，其中发明专利申请量达到110.2万件，同比增长18.7%，连续5年位居世界首位。在知识产权的司法保护方面，2014年底北京、广州和上海先后设立了知识产权专门法院，极大地提高了相关案件的审判质量。尽管我国的知识产权事业发展良好，司法保护得到进一步完善，但相关纠纷和诉讼的数量仍在不断增加，专利侵权、商标抢注、商业秘密泄露等事件层出不穷。

在国际环境方面，"一带一路"倡议的实施涉及多个国家和地区，不同的国家在科技创新的能力和知识产权保护的程度方面存有很大差异。

---

* 作者为北京科技大学知识产权研究中心主任。

一些国家，例如俄罗斯、新加坡、马来西亚等，整体创新水平较高，在外国产品和服务进入本国市场时利用本国的技术优势设置的知识产权壁垒也较多。也有一些国家，例如伊朗、越南、土库曼斯坦等，知识产权保护理念相对滞后，相关法律制度还不甚健全，我国企业的知识产权面临着很大的被侵权的风险。

加强知识产权保护的对策建议

加强制度建设，完善知识产权保护的法律依据。加强知识产权保护需要注意具体的制度构建，要基于我国国情逐步完善与知识产权相关的政策和法律法规。要注重知识产权政策与产业政策、区域政策、科技政策以及贸易政策之间的衔接，制定适合相关产业发展的知识产权政策。要通过法律法规鼓励企业成为知识产权创造和运用的主体，促进创新成果的知识产权化，搭建知识产权信息交易平台，推动知识产权转化为现实生产力。此外，知识产权制度建设必须与时俱进，同国际知识产权规则接轨，要尽量避免由于国际、国内法律规范不统一而产生知识产权纠纷。

做好知识产权布局。政府应协助企业在"一带一路"沿线国家和地区积极申请知识产权。成功设权后，企业就在知识产权纠纷中就掌握了主动性。知识产权布局要有针对性，不能盲目地求大求全而浪费了企业的资金和时间。应根据企业整体战略，按其产品和服务类型确定自身需要重点保护的知识产权范围，通过合理部署和配置，将核心专利、商标、版权、商业秘密等结合起来交叉保护。

加强国际合作，积极参与知识产权国际新秩序的制定。政府要加强与国际组织和相关国家的合作。一方面要积极参与知识产权国际规则的制定，推动实施有利于我国企业发展的知识产权规则；另一方面，要向"一带一路"沿线知识产权保护水平较弱的国家提供帮助，帮助它们培养知识产权相关人才，提升知识产权保护意识，建立符合它们实际需要的知识产权保护制度，达到在知识产权保护上的双赢目的。

充分发挥海外知识产权援助中心的作用。我国的海外知识产权援助中心要帮助企业更好地了解"一带一路"沿线国家和地区的知识产权立法与执法环境，更有效地为企业提供有关知识产权的咨询、纠纷的协调和救助工作。建立海外知识产权纠纷的信息库和专家库，完善知识产权纠纷预警系统，为涉案企业要采取的措施提供建议。政府应帮助企业培养和输送海外知识产权保护专业人才，提高企业的产权意识和维权能力。此外还应建立企业海外知识产权纠纷援助基金，帮助我国涉诉企业，尤其是处于被动、弱势地位的中小企业更好地解决知识产权相关纠纷。

律师立志求高远

赵小鲁*

　　我们律师执业一生，都在思考破解三大课题：律师是什么？为什么做律师？怎样做律师？（what？why？how？）我自 1983 年开始律师执业，至今三十六年，自 2001 年至今，累计为北京律师举办"弘律师执业成长之'道'，传法律良心之'灯'"系列讲座百余次，涉及律师执业一百多个具体问题，听课律师将近两万人次。我潜心研究律师执业多年，笔耕不辍，撰写出版三本专著，形成四百万字文稿，基本涵盖了我的执业心得感悟。弱水三千，只取一瓢。在百余个课题中，讲得最多的是"立志求高远：成为优秀律师的五个条件"。

　　人生第一要立志，无论志向大小、高低。作为年轻律师，立志的标准只有一个，争取成为优秀律师。古语有训，"求其上，得其中；求其中，得其下"。我做律师时，北京只有数百名律师，而今，北京律师行业已经有三万名律师。以律师成长规律，五年为业务发展的一茬人（一代人）。我执业三十六年，至少已经有七茬人的成长经历在我眼前经过。我在多年的思考中，发现了一个规律：能够成为优秀律师的，仅占北京律师行业从业者的 20%。我思考，每一茬年轻人加入律师队伍，起点基本一致，为什么在执业五年十年之后，就拉开了距离？这里面的规律是什么？老子说，"大道至简"。我对律师行业规律认识的多年感悟，凝聚成一个新的课题："立志求高远：成为优秀律师的五个条件"。这个课题，我给北京律师讲过多次，形成数十万字的文章。今择其要者如本文。

---

* 作者为北京市赵晓鲁律师事务所主任。

一、眼界大局观/关

"不畏浮云遮望眼，自缘身在最高层"。律师在不同的执业阶段，基于家庭背景、教育背景、个人经历、知识结构等不同，认识问题的角度不同，并局限于个人实践的深度广度。这个认识局限和实践局限，就是一个人的眼界、大局观。眼界高低，决定实践宽窄。古人说，井蛙不语海，夏虫不语冰，曲士不语道，就是因为一个人眼界不开，局限了自己的认识和实践范围。我在给年轻律师讲课时，有非常聪明的年轻人提出了一些问题："为什么师傅拿得多，徒弟拿得少？""我们奋斗几年可以成为大律师？""多换几家律所有利于成长吗？"……这些问题既体现了年轻人奋发上进的可爱之处，也流露出其步飘心浮的弱点。这样的年轻人，基本已经可以看到十年以后，不会有大希望。

律师是厚积薄发、后劲悠长的职业。律师的实务经验来自长期的实践积累。任何一个年轻律师的成长，都要依次经过助手型律师、合格律师、骨干律师、优秀律师、领军律师、大律师等阶段。就个人成长而言，能够走到哪个阶段，因后天努力不同而有差异。一个律师，可以因自己的能力和外部条件优势缩短某一阶段成长的时间，但绝不可能逾越这几个阶段。往往在某一阶段时间短一些，就会在其后的成长阶段时间更长一些。

个人陋识，在北京三万律师中，大约有 5% 的律师，可以成为领军律师；20% 的律师，可以成为优秀律师；20% 的律师，可以成为骨干律师；50% 的律师，停留在合格律师阶段；5% 的律师，处在律师队伍的末尾。决定这一比例的根本因素，就是"眼界"，或者说是"大局观"。

我认为，年轻律师成长，需要逐步树立七个大局观。

第一，人类社会发展规律大局观。我认为，人类社会发展规律不是苏联提出的社会形态五阶段单主线依次从低级向高级发展规律，而是海洋文化和黄土文化社会形态双主线多元化从低级向高级发展规律。由此决定，中国必须走独立自主发展的中国特色社会主义道路。我们要树立"四个自信"。要勇于和善于向西方学习。要将西方法学的有益经验和中国的具体实践结合起来，逐渐形成中国特色社会主义法治理论。

第二，国内国际视野大局观。把握国内国际两个大局的特征，预测国内国际法律服务市场的发展趋势。

第三，中华民族伟大复兴的大局观。这是每一个中国人的初心和使命。不忘初心，牢记使命，才能站高望远。这里涉及涵养爱国主义情操、站在人民立场；用辩证方法分析中华民族伟大复兴的复杂社会问题，分析全局和局部、主流和支流、现象和本质、目标和过程的辩证关系。既要坚定信心，又要有忧患意识。最终，要承继中国知识分子的传统价值观——"修身、齐家、治国、平天下"。

第四，中国特色社会主义发展规律的大局观。中国特色社会主义的特征有：（1）中国共产党的领导和多党合作；（2）人民民主专政的国体；（3）人民代表大会制度的政体；（4）公有制为主体，多种所有制经济共同发展；（5）精神文明和公平正义；（6）共同富裕的道路；（7）中国特色社会主义的市场经济和计划调节。

第五，行业发展大局观。集中研究和破解律师行业的"三大课题"。第一个课题，"一个发展瓶颈三块发展短板"的课题。"一个发展瓶颈"是行业精神建设滞后于业务建设，律师素质提升滞后于数量发展的瓶颈；"三块发展短板"是中小所规范化、专业化、精品化发展的短板，年轻律师系统培训和综合素质提升的短板，社会主义法治理论和社会主义律师政治学研究完善的短板。第二个课题，"抓住行业党建工作，就抓住了行业发展龙头"的课题。律师行业如何发展，律师队伍如何带好，律师如何讲政治，关键在行业党建工作。第三个课题，"律师心中永远要有老百姓"的课题。我们要培养律师的社会责任感和胸怀天下的眼界。社会责任，就是对百姓的责任；胸怀天下，就是百姓的天下。律师执业成长之道，千言万语，就是心中要有老百姓。

第六，人生大局观。包括家庭人生、职业人生、事业人生、社会人生诸多问题。实际涉及我们的人格修养和社会主义核心价值观、个人命运和国家民族命运的关系。我们只有将个人命运融入国家民族命运之中，才能焕发无穷力量。

第七，律师执业和成长之道大局观。集中在我写的三本专著——《中国律师体制改革思考录》《我的社会法学观》《中国律师行业政治文化研究》，以及四百万字文稿——《律师心法百问刍议》《中国律师政治学》《年轻律师基本素质入门谈》之中。这些文章，在赵晓鲁律师事务所的网站"晓鲁学堂"中都有登载，意在和律师同行分享交流。

二、人民立场观/关

自 1979 年底律师制度恢复、1988 年律师体制改革开始以来，我们的律师行业以极快的速度发展。但对于一些问题，我们律师总是难以形成统一认识。例如，律师要远离政治吗？律师为什么要承担社会责任？律师是一个嫌贫爱富的职业吗？律师为什么要为老百姓服务？我们要以什么态度向西方学习？等等。开始，我以为，律师行业是一个最讲民主的行业。民主，就会对一个问题形成不同认识，所以，很正常。但后来，我进一步认识到，律师行业之所以是一个行业，不仅在于其包容各种不同认识的民主特征，更在于其要形成行业共识和主流价值观的行业特征。如果一事当前，我们律师行业没有自己的共识，就不成其为一个行业。一个律师，如果不能把自己的基本认识融入行业共识之中，就很难有大的进步。

律师行业要以社会主义核心价值观为基石，形成行业共识，关键在于立场问题。一事当前，无论多么错综复杂，我们律师都要站在人民的立场考虑问题。所以，我一直强调："律师心中要有老百姓。"律师要勇于承担提供公益法律服务的社会责任，律师要培养爱国主义精神，律师要为实现中国梦而奋斗。

我的感悟，站在人民立场，要把握"五个统一"的关系。第一，人民立场和党的领导相统一；第二，人民立场和公平正义相统一；第三，人民立场和共同富裕方向相统一；第四，人民立场和中华民族伟大复兴相统一；第五，人民立场和个人前途命运相统一。

三、戒骄戒躁观/关

我们对法律的理解，律师业务素质的提高，要经过不同阶段。执业一生，学习一生，永无止境。但很多有发展潜力的律师，浅尝辄止，盲目骄傲，结果发展到一定阶段，就裹足不前，甚至被行业发展甩在了后面，不免令人惋惜。

我在多年的执业过程中，非常关注年轻律师如何保持"谦虚谨慎，戒骄戒躁"作风的问题并逐步形成了一批专题讲座，例如《律师执业的六个不敢骄傲》《法律理解的五个层次》《合格律师的六大知识结构》《律师专业素质的三个层次》《律师成长的六个阶段》等。

律师在成长过程中，特别要注意力戒骄傲的三个关键期：第一，执业五年左右：合格律师的关键期；第二，执业十年左右：骨干律师的关键期；第三，执业十五年以上：优秀律师的关键期。

四、律师业务观/关

不断提高自己的律师业务水平，是我们律师的执业之本，也是我们律师的立身之本。但是，因执业年限不同，律师实践的深度和广度不同，我们对如何提高业务水平也有由浅入深的认识。存在决定意识。律师行业发展近四十年，已经面临三大行业责任、三大服务市场，由此决定了我们对律师业务水平的认识也在不断的深化过程中。

第一，我们对律师业务素质的认识，大体可以分为几个阶段。第一阶段，执业五年左右，合格律师阶段，主要是对法律条文的理解和学习；第二阶段，执业十年左右，骨干律师阶段，主要是对法学理论和法律原则的理解和学习；第三阶段，执业十五年左右，优秀律师阶段，主要是对立法精神的理解和学习；第四阶段，执业二十年左右，领军律师阶段，主要是对公平正义的理解和学习；第五阶段，担当社会责任的大律师阶段，主要是对社会主义法治理论的理解和学习。五个阶段各有重点又辩证转化、相依相辅。

第二，律师业务素质提升的三个层次。第一个层次，以法学知识引领的律师业务素质；第二个层次，以市场需求引领的律师业务素质；第三个层次，以社会责任引领的律师业务素质。

第三，律师的综合业务素质。至少包括六大知识结构：政治学、经济学、法律学、社会学、逻辑学、职业心理学。一个律师实践范围越深越广，对其综合素质的要求就越高。很多律师业务超出书本范围，"工夫在诗外"。

第四，律师业务素质"道和术"的辩证关系。我的体会是："术"，是律师执业的具体规则和方法；"道"，是律师执业的理念和对执业规律的认识。"道和术"，存在于律师业务素质提升的每一个阶段，互相转化，相辅相成。我的认识，以道驭术，术为道用。术中有道，道术相依。

我的专业领域主要在商务诉讼和国际仲裁。我写过很多文章，如《经济诉讼要诀十三则》《国际仲裁和商务诉讼的异同辩证关系》《律师辩论技巧》《律师谈判技巧》《律师谈判"临门一脚"的功夫》《和客户谈判的黄金一小时》《律师执业的风险防范和应对之策》等，或许对新入行的律师有些许启发。

律师业务的提升，关键在执业理念。1989 年，我提出"全心全意为人民服务，时时事事对客户负责"的执业最高宗旨，如今其已经成为中国律师行业的共识。我提倡的"执业诚信最大化"原则，一直是我执业三十六年奉行的基本原则。三十六年来，我亲自承办重大疑难案件五百多件，指导组织承办案件三千多件，无一例工作失误。

五、律师人格观/关

我们赵晓鲁律师事务所，以文化立所。我们的所训是："自强不息，厚德载物。""自强不息，厚德载物"，核心是要培养律师的人格修养。我们学习法律，经常把注意力放在书本知识和研究法律条文上边。这是对的，但远远不够。法律的本质，是统治阶级意志的体现。法律从政治学和社会学分离出来，又和政治学、社会学有千丝万缕的联系。我们学习法律，要强调"知行合一"。所以，做律师，首先要懂得如何做人。律师执业一生，学习一生，关键在于人格修养。

律师的人格修养，集中体现在"诚信依法"四个字上。人格修养，是一生一世的事情。"路漫漫其修远兮，吾将上下而求索。"先贤古训，一直是我的座右铭。我有一个专题讲座——《律师十诫》，可以参阅印证。

我在 2018 年有一篇短文《一个老律师的几句心里话》，从中摘录部分，作为本文的结束。

回顾三十五年律师生涯，倾注心血，研究"社会主义律师政治学"。先后出版三本专著，撰写文稿四百万字，发表文章百余篇，感悟万千，凝聚成"三字心经"。

第一，"感恩之心"。感谢党和国家改革开放的政策，感谢民族复兴的伟大时代，感谢老百姓对律师行业的支持厚爱，感谢各级司法行政机关对律师行业的支持爱护引领，感谢行业三十五年对我的培养，感谢律所同事们对我的支持帮助。

第二，"敬畏之心"。敬畏我们的国家人民，敬畏我们的宪法法律，敬畏我们的行规行纪。一言一行，诚信依法，不越雷池半步；时时刻刻，心中永远装着老百姓。诚信依法，是律师执业的生命线。

第三，"法律良心"。以法为矩，以民为本，以社会为责任，以法律为良心。"法律良心"是律师执业的指路明灯。

很多律师同行问我，您做律师多年，最深刻的体会是什么？我说，八个字——"律师本色，法律良心"。这八个字，就是我们律师执业的"道"，就是我们律师心中的一盏"灯"。我们要弘扬律师执业成长之"道"，传法律良心之"灯"。"弘道传灯"，是我晚年唯一的事业。

致我的中年法学

丛立先[*]

时至今日，我致力于法学的学习和实践，已然二十六年。这个不长不短的时期，在我身上较为典型地体现出了对法学热爱、执着和淡定的心态。如果算上热爱之前的期望、执着中的探索、淡定里面一定程度的迷离，较为完整的概括应该是"对于法学的期望与热爱、探索与执着、迷离与淡定"。

在热爱法学之前，我对法学充满了期望。小时候任凭天性谈理想的时候，我的第一个理想是当个作家。真正有了理性的思考并心中暗下决心实现自己应有的理想，是在我的初中时代。那时候除了有着少年的逆反之外，也开始有了对于家国命运和社会现象的思考，更重要的是，那时候我的学习成绩超乎寻常地好，上大学学习自己喜欢的专业已经成为一种可能。

20世纪90年代，普通人家的孩子大都通过高考改变命运。我所在的高中是一所位列省级重点的县城中学。高二分文理班的时候，我毫不犹豫地选择了文科，实际是为了尝试追求早已有之的学习政法的目标（当时的自己还是政法的概念）。至今清楚地记得，对于我的文科选择老师很不理解，而我并不解释为什么，并且自己也从来没有很下功夫地学习以志在必得。实际上，比较尴尬的是，我高二高三时期的成绩较之高一下滑了很多，虽然还不错，但只能排在班级的三五名，考上大学没问题，但能否上理想的大学理想的专业则完全不好说。那时，我的政法目标其实一度不那么清晰了！

---

[*] 作者为华东政法大学知识产权学院教授。

世间存在一种解释不清的东西叫运气。高考填志愿的时候，我的重点大学一志愿是武汉大学法学专业，一般本科一志愿是西北政法大学。那时候的大学都比较有骨气，稍好的大学基本都是录取报考本校的一志愿。所以，无论是哪个档次的大学，考生填报的一志愿很重要。按我的水平，应该是以西北政法保底来冲一下武汉大学。高考成绩出来，我居然又考回了久违的班级第一名，也凭借着相对较高的分数被一志愿武汉大学法学专业录取。能够顺利学到理想的专业确实有很大的运气成分。当然，如果说自己完全没努力就被天上掉下来的馅饼砸中也不客观，在高考最后冲刺阶段我超乎寻常心无旁骛地学了一个月，那种临战准备的努力和认真至今不能忘怀！不过，也是因为这种临战动员获胜的侥幸足够刺激和幸福，以至于大学之后基本也是平常不学而全靠临阵磨枪，不知何时开始但确信一直延续至今的拖延症也可能与此有关。

热爱法学，是从武汉大学开始的，但母校带给我的不只是对于法学的热爱，更是对于自由的向往和坚持。如果你在武大学习过，你在学校的故事不能让你铭记一生，那么你可能并不是一个合格的武大人，因为武大号称天下第一的美丽校园和一以贯之的自由氛围会为你书写故事提供最好的背板。如果你在武大法学院学习过，你在学院的经历不能让你终身受益，你可能并不是一个合格的武大法学人，因为武大法学舍我其谁的气质和唯法独钟的师友同窗会给你前所未有的自信和助力。其实，初到武大法学院，我对于师兄们所说的武大法学的全国领先位次一度持怀疑态度，但是，当我们渐次聆听韩德培、马克昌、梁西等先生在典礼或讲座上娓娓道来的讲授，当我们在课堂上拿着自己老师编写的全国统编教材并听着他们的授课，当我们亲身领略了民国以来的武大法学传统，我方才知道自己的确学到了中国真正的一流的法学，也发自内心地为自己武大法学人的身份而骄傲。

本科毕业后在政府部门从事政策法规工作，我最大的收获是能够在实践法学的同时又能不断深入求学。我的好哥们儿这样点评过我："我们觉得本科学历足够的时候，你去读了研究生。我们觉得需要提高，读了研究生的时候，你已经去读了博士！"青年时代，我并不是一个痴迷于学习的人，却非常高效地利用自己结婚前那段相对自由的时光读了法学硕士和法学博士学位。如果非得给出一个理由，事后诸葛亮地说，毫无疑问是因为我真心地热爱法学并坚持继续探索，或者说基于热爱的执着。小时候母亲灌输给我的诸多名言警句里面有一句"做事不可样样通样样松"，本来就热爱法学，为什么不继续探索和坚持呢？所以，在我完成的那本评价很不错的博士论文的后记中，我颇为感触地引述了王国维先生关于治学的三个境界的论述来概括自己对于法学的探索与执着："古今之成大事业、大学问者，罔不经过三种之境界：'昨夜西风凋碧树。独上高楼，望尽天涯路。'此第一境界也。'衣带渐宽终不悔，为伊消得人憔悴。'此第二境界也。'众里寻他千百度，回头蓦见，那人正在灯火阑珊处。'此第三境界也。"

伴随着中国改革开放的春华秋实，我也完成了从少年、青年到中年的转变。这个历程，一如国运，我的法学人生足够幸运。三十五岁那年，一个堪称华丽的转身，我在中南财经政法大学评上教授，随后北上京城任教于北外法学院，就此开始了我的法学传道授业之旅。基于自己系统学习过法理学、民商法、国际法、知识产权法，我讲授法学概论、法治观察、国际法、知识产权法等诸多课程，其间会不由自主地为自己广为传道授业而感到自豪。基于自己不但求学于法学院校的学术殿堂，也勉力实践着法学的实务，所以间或会为自己的法学应用而窃喜。可以说，京城从事法学教育八年整，用收获颇丰来形容毫不为过，因为不但传道授业的看家本事有所精进，还意外被委以法学院负责人的重任，顺便还获得了一点彰显个人价值的人才头衔。

如此之事业顺遂，原本应该安分守己扎根京城，一段时期内说不定还会博些更大的功名。但不知为什么，我总是改不掉经常思考人生的习惯。当时经常问自己的一个问题是：如果整天为公务会议和公务活动而疲于奔命，是不是背离了当初转入法学教育的初心呢？在离开京城之前，除了从不敢放低要求的教研职责之外，我担任的行政职务是北外法学院书记兼执行院长，因为学院没有院长，实际上是党政一肩挑。权力大，除了带来愉悦之外，还有很多痛苦，其中一种便是无休止的公务会议和公务活动。就在我思考了人生并逐渐想明白了、想有所改变之时，上海的法学传统名校华政向我抛来了橄榄枝。人世间事，最怕你情我愿。作为个体的我正想找个既不泯灭法学理想又能安然生活的平台和环境，作为集体的华政知识产权学科恰好需要年富力强的学者加盟，于是，我就成了离开京城到上海工作的又一位。

按照民间说法，北京和上海这两个中国的大城市，一个被称为"帝都"，一个被称为"魔都"。作为学者，如果有机会体会一下"二都"的不同魅力与不同缺憾，不啻为一种人生偏得。譬如，以下的不同便是很好玩的一种实践：如果以法入政，成就自己更大的法学或政法理想，京城显然会给你更多的机会；如果你想以法而小资化，以法而国际化，以法而更生活化，可能海派的上海会给你更多上佳体验。如此这般，确实可以作为京沪工作环境相互比较的体验和尝试。至于我的京沪切换，说是追求生活，其实更是为了法学迷离之后的淡定。在法学的舞台上，我个人不可谓不获益颇多。每每想到自己的那点既得小名利，我就十分知足。有一种人，自己吃饱了，便感觉大家都不会饿着。还有一种人，自己吃饱了，还担心其他人可能饿着。我应该属于后者。我的法学之路，由法学学习而法律实践，由法律实践而法学教育。曾经为中国法学教育的兴旺而振奋，曾经为中国法治实践的前途而鼓舞。但同时，也为中国法学教育的泥沙俱下而担忧，也为中国法治实践的辗转迂回而无奈。

少年时期，我之设定政法为人生理想，颇有少年壮志的齐家治国平天下的想法；青年时代，我之研习法学并一以实践，很有意气风发大干一场的英雄气概；中年时节，我之从事法学教育和研究，竟是迷离清醒之后的淡定超脱。这样的心态，不知道于我而言是不是一种进步或升华，但至少对于我致力于培养的法学青年人才而言确是一个福音。法学教育是当今中国最有价值的事业之一，其中更具价值的是传递给社会真正的良善之法治，这应该是法学教育者的基底性使命。此时，法学思想的成熟、人生态度的理性，促使我必须以良善法治为信仰，以法学教育为己任，尽可能带动更多的法学学子正确认识和处理好理想法学与实用法学的关系，明了并践行法学与法治的信仰，坚信法治是社会的至上规则而不只是统治者的工具。

人到中年，常发感慨。感慨之中，不乏废话与闲话。草就此篇茶座文章，目的是闲话我的法学前半生以明志，为中国法学和法治实践有所感喟并适当警醒。实际上，必须最后注释的话语是，我之于法学，实在不算什么。在人类法学的浩瀚海洋里，我连一朵浪花都算不上，只能算一滴水。而在中国法学的尘世里，如果不能成为可以指路的绿树，我也不愿成为任人踩踏的野草或媚俗的野花。如果必须选择的话，那就作为一块有助于促进中国法学与法治进步的天然顽石吧。当然，这块天然顽石有着一颗对法学的期望与热爱、探索与执着、迷离与淡定的初心。

为人格权编草案规定生命尊严点赞

杨立新[*]

民法典人格权编草案二审稿第 783 条在一审稿关于"自然人享有生命权,有权维护自己的生命安全。任何组织或者个人不得侵害他人的生命权"的规定中,新增加了"生命尊严"的内容,形成了"自然人享有生命权,有权维护自己的生命安全和生命尊严。任何组织或者个人不得侵害他人的生命权"的完整内容。这一规定,不仅在全国人大常委会会议审议期间引起了热烈的讨论,而且在社会上受到了各界的普遍关注。

在记者的不断采访中,我的思想不断地追索着那些有关的过往回忆,其中最关键的片段,就是为中国生命尊严立法做出贡献的王明成和他的母亲夏素文。

最早接触王明成这一事件,是在 2003 年王明成病危,医院拒绝其安乐死要求的时候。当时有几家媒体的记者对我进行采访,说我是安乐死专家。我呵呵一笑,我怎么会是安乐死专家呢? 只不过是在研究生命权的著述中,指出了安乐死应当是生命权的应有之意。自打那时候起,我知道了王明成母子的故事。

1986 年,王明成的母亲夏素文 59 岁。6 月,夏素文因患肝硬化腹水昏迷,经医院多方治疗仍不见好转。那时还没有现在所说的临终关怀,缓解严重的病痛所使用的吗啡等止痛药物,都需要层层批准。6 月 25 日上午,王明成和妹妹向主治医生蒲连升询问母亲病情,蒲医生说治疗无望。王明成不忍心让母亲再受病痛折磨,于 6 月 28 日要求蒲连升给夏素文实施安乐死,蒲不同意。在王明成和其妹妹的一再要求下,蒲医生答

---

* 作者为中国人民大学法学院教授。

应为夏素文进行安乐死并给夏素文开了 100 毫克复方冬眠灵,由值班护士注射后,夏素文在 6 月 29 日凌晨 5 时去世。随后当地公安局对此立案侦查,检察院以故意杀人罪批准逮捕蒲连升、王明成,并于 1988 年 2 月向法院提起公诉。由于该案是我国第一例安乐死案件,法院于 1990 年 3 月公开审理后,层报最高人民法院请示如何适用法律。最高人民法院于 1991 年 2 月 28 日批复:"'安乐死'的定性问题有待立法解决,就本案的具体情节,不提'安乐死'问题,可以依照刑法第十条的规定,对蒲、王的行为不作犯罪处理。"据此,蒲医生、王明成被无罪释放。

15 年之后,王明成于 2000 年 11 月被查出患有胃癌并做了手术,2002 年 11 月,确诊癌细胞扩散到身体的其他部位,2003 年 1 月 7 日再次住院治疗。王明成饱受病痛的折磨,无法忍受,要求医生给自己实施安乐死,被拒绝后,6 月 7 日,又要求医生对其实施安乐死,再次被医院拒绝。瘦得变形、浑身干枯、眼窝深陷的王明成对不能实行安乐死感到深深的遗憾,要求出院回家等待死亡。在其签署了自愿出院的文书之后,王明成被送回家,拒绝接受治疗,于 8 月 2 日晚上陷入昏迷,8 月 3 日凌晨在病痛中停止了呼吸。

王明成母子二人,用他们的生命,为中国的安乐死包括积极安乐死和消极安乐死的立法,做出了贡献。

目前,安乐死已经成为被世界各国普遍接受的概念,也被多国的立法所确认。安乐死源自希腊语"美丽的死",是对于患有不治之症、死期迫在眼前且有难忍的剧烈身体痛苦的病人,应其真挚而恳切的要求,为了摆脱痛苦而采取人道的方法让其安然死亡的行为,通常分为积极安乐死和消极安乐死。夏素文的安乐死是积极安乐死,即采用积极的措施去结束垂危病人弥留在痛苦之中的生命;消极安乐死是对身患绝症的患者不进行延命治疗,自然结束其生命的安乐死,即王明成采取的方法。

就目前情况看,我国民众要求规定安乐死的呼声是很强烈的。立法者考虑,目前在立法中规定安乐死,既要包括积极安乐死,也要规定消极安乐死,而规定积极安乐死存在较大的社会风险,因而在人格权编草案中一直没有规定安乐死的内容。

为什么人格权编草案二审稿规定了生命尊严的概念会引起热议?就

是因为人格权编规定了生命尊严，确认了自然人基于其享有的生命权，而享有维护自己的生命尊严的权利。这样的效果，实际上是对不规定安乐死而采取的一个变通办法，即生命尊严可以包含消极安乐死，即尊严死，而不包含积极安乐死。这样，既可以最大限度地尊重自然人的生命尊严，又不至于因为规定积极安乐死而引发可能的社会风险。

什么叫做生命尊严？生命和尊严这两个概念加在一起，就是要把生命看作是人的尊严的表现。人格权编的全部内容，就是要保护人的尊严，维护人的尊严。通常说，人没有选择出生的权利，但是出生之后，就具有人格尊严，活要有活的尊严，死也要有死的尊严。这就是，生命的终极价值在于维护人的尊严，而人的尊严在于人的自我决定，人因为能够自我决定，所以才具有尊严。基于自然人对自己的人的尊严的维护，就当然地对其生命具有决定力。尽管自杀不是合法的行为，不属于生命权的自我决定范畴，但是当出现病痛使生命不能发挥维护人的尊严的作用，反而成为人的尊严的负累时，人就应当有权决定终止它，使自己有尊严地死去。

依我所见，在生命尊严的概念中，起码应当包括以下三个内容：

第一是尊严死。人要尊严活，也要尊严死。尊严死就是自然人对自己垂危时的自我决定、自我选择，是行使生命权的行为，是垂死而无救的人维护尊严的目的追求。尊严死其实就是一种自然死，当自己的生命面临终结时，不再采取延命的医疗措施，遵循自然法则终结自己的生命。这是自然人自我决定权的内容，即有权决定自己的尊严死。这样的尊严死，既能使病人摆脱痛苦、凄惨的临终状态，也能使其亲属摆脱沉重的负担。王明成选择的就是尊严死，也就是放弃治疗，属于消极安乐死，只不过死得还不够有尊严，因为其遭受的痛苦太多了。

第二是生前预嘱。这是自然人享有生命权，行使自我决定权内心意思的外在表现形式。生前预嘱是自然人在健康或意识清楚时签署的，表明自己在不可治愈的伤病末期或临终时，要或不要哪种医疗、护理等的意思表示文件。它不是遗嘱，因为遗嘱是在死亡时生效，而不是在自己病危时生效。生前预嘱看起来好像是一个挺新的概念，其实在 1976 年 8 月，美国加州就通过了"自然死亡法案"，允许患者依照自己意愿不使用生命支持系统的自然死亡。后来，"生前预嘱"和"自然死亡法"扩展到全美及加拿大，美国危重症医学会和胸科学会确认，一是当 ICU 医生确认无益时，应当允许停止全部治疗；二是病人和病人的代理人有权决定是否治疗。这样，就可以避免一个走到生命尽头的人，不能安详离去，反而要无奈地忍受气管插管、心脏电击以及心内注射等惊心动魄的急救措施，而且即使急救成功，往往也不能真正摆脱死亡，而很可能只是依赖生命支持系统维持毫无质量的植物人状态。生前预嘱正是要根据病人的意愿，帮助其摆脱这种困境。在中国，已有越来越多的人签署生前预嘱，安排好将来的这类事宜，以保障自己的生命尊严。

第三是临终关怀。这包括对决定尊严死的权利人，为减少其临终前所受痛苦而采取的具体措施。临终关怀的核心，是用医疗手段和其他方式帮助即将离开人世的人摆脱或者减轻其所受痛苦，帮助其有尊严地度过人生的最后阶段。临终关怀不追求猛烈的、可能给病人增添痛苦的或无意义的治疗，但要求医务人员以熟练的业务和良好的服务来控制病人的症状。总之，临终关怀，能够让生命"走"得更温暖。

人格权编规定了生命尊严这一概念，当然不是就明确规定了尊严死，也不是规定了生前预嘱和临终关怀，更不是规定了积极安乐死，但是，它给立法确认尊严死、生前预嘱和临终关怀提供了最高的法律依据。之后不仅可以依据民法典关于生命尊严的规定制定新的法律、行政法规、司法解释等，更重要的是有了这个上位法的依据，最起码是让那些选择尊严死，以及采取生前预嘱和临终关怀的行为，不再会被认为是犯罪行为或者违法行为，而是正当的合法行为。

因此，我为民法典人格权编草案二审稿的这一规定点赞。有了这样的规定，就不会再让像夏素文和王明成那样的病人死得那么痛苦、那么没有尊严了，而是让所有的人都能够活得有尊严，死得有尊严。

物权法争论、民法典编纂及其人性基础

徐 彪*

　　从某种角度看，在制定法传统的国家或地区，相较其他法系，法律的理论工作者往往倾向于以成文立法及其所谓的"升华"也即法典化作为该国或地区法律甚或社会进步的标志性体现，凡事有成文的法可依据，就会产生天大的满足感。但问题是，对如此满足感的偏好与追求不少情况下使得某些立法仓促之中难免一定程度上有脱离社会实际生活的嫌疑，譬如现在的中国，曾经的物权立法与眼前正热的民法典编纂等。作为直接对物的财产权利，曾几何时，围绕着物权立法的争论引起了社会各界的广泛关注，在相当长的时间内仍余波不息。物权立法争论的具体细节不赘述，其实质在于，国家经济与社会的进一步发展应当如何充分体现与实现人的平等性。物权立法的争论在一定程度上揭示与反映了改革开放以来我国在经济与社会发展过程中所积累的一些深层次的矛盾与问题，而如能在法律的层面予以有效的化解，将极大释放经济要素与社会要素的活力，有助于实现社会的全面进步。作为民法体系一分子的物权立法如此，眼前的民法典编纂亦不例外。

一

　　物权立法争论中，有一派的观点或从其对社会主义社会应然状态的理想化追求出发，主张物权法的制定，应充分体现与实现公有制在社会主义社会中对全体社会成员平等生存与发展基础性保证的作用。如果进

---

　　* 作者为安徽大学法学院教授。

一步深究其根底的话，源自对生存与发展求充分保障的人性基础，它体现的是一种安全感与满足感的心理需求。由于受一定历史条件下生产方式的限制，现实的社会生活肯定不尽完美，个体生存与发展的保障也就因此而不够充分，只有俱荣俱毁的状态，才能使这种安全感与满足感在残缺实现的情况下得到某种程度的抚慰与平衡。如此的心理特征在生产力水平较低，而社会的制度设计又使得财富的占有与分配存在着极大的不公平，大部分社会成员难以从既有制度中获利，自身的生存与发展面临严重困境时，表现得尤为明显。

安全感与满足感及其残缺实现状态下某种程度安慰与平衡的心理需求，作为一种客观的存在，本身不带有任何褒贬的倾向。只是认识的主体在理解的过程中就其具体实现方式与手段的不同参照了社会的道德标准而赋予了其伦理的色彩，进而或扬或抑。从正面看，建立在充分物质财富占有基础之上的安全感与满足感的实现是充分人格权实现的重要方面，而充分人格权的实现正是人类社会一以贯之的奋斗主题，是一种真正美好的状态与人生，但这种"真正美好的状态与人生"决定了其绝不可能在物质条件粗劣与匮乏的条件下建立起来。否则，脱离了生产力的高度发展，其必然只是幻想，并终究摆脱不了破灭的结局。从反面的角度，俱荣俱毁的心理状态，反观到具体的社会生活，即残酷如鲁迅所说的"侏儒"心理，它破坏了推动人们促进经济与社会发展的外在机制的功能的发挥。

二

物权立法争论中，另有一派或根植于物权流转的基本规律以及不同历史时期的立法经验而认为，在生产力还不十分发达、社会物质财富仍不极大丰富的社会主义初级阶段，物权立法只有切实遵循物权流转的客观规律，最大限度地激发人们创造物质财富的积极性与主动性，才能不断增加社会物质财富总量，并在一定条件下将人逐步从为物所困，即因生存所必需的物质财富供应不足而苦恼的状态中解脱出来，为最终实现人的解放做必要的物质财富积累的准备。从其本源上分析，这一派的观点同样可寻找到对生存与发展求充分保障的人性依据，但与前一派不同的是，该派侧重于对主体（或言人）在生存与发展的基本需求中，存在着一个由自利到利他过程的感知与认识。自利为利他的前提和必要的保证，如无法自利，则很难利他，并且，也只有在自利彻底无望的情形下，才可能将企求的目光转向他人，从而呈现出前一派观念的人性特征。而对人性中自利心理需求的基本的尊重，就是要求首先应充分尊重与维护个体自我的或私有的权益。这种认识和中华人民共和国成立以后社会主义建设的基本经验以及改革开放以来我们所始终强调的效率优先、兼顾公平的基本指导思想是相一致的。

三

十多年前物权立法争论所反映的人们在思想认识上的不同一定意义上也可以从长期以来人们精神世界的某种缺失加以说明。改革开放以来，我国经济与社会的发展取得了巨大的成就，但也存在着太多的问题。人们在追求物质的同时忽略了或者说无暇顾及精神的世界，而某种程度地沦为了物质的奴隶。大家为物而活，将人生的幸福肤浅地定位为感官的满足，从而将精神虚置于一种浮空的状态。虽然人人都有"什么才是生活的真正意义与生命价值"等精神满足的心理需求，但大多茫然不知所措，不知何处才是自己为之心醉而要由衷守护的精神家园。这种状态使人们在对物质的追求与对人的关系的处理中，漠视甚至完全置社会与他人于不顾的自我或自私的心理特别突出，各种欲望的满足中远离社会伦理的一面表现得十分明显。人们生活在社会的冰水之中，物质财富分配的不公与精神的缺失使人们在心理上的安全感与满足感难以得到相应的抚慰和平衡。人们在现实失望之余油然而生对新中国成立初期虽物质供应相对匮乏但精神世界比较充实的生活的留恋、满足与向往。如果这些问题处理失当，或会引发严重的社会危机。因此，适当通过一定程度兼重物质与精神权益的立法来努力探索解决相关争论所折射的深层次的社会问题，其意义已远远超出通常所局限的技术层面的单纯某一领域譬如物权领域的"规则"的范围。

四

　　作为人与生俱来的自然本能与心理特征，以情感与欲望为表现形式的人性，其被尊重与满足的程度取决于客观的、具体的历史条件，与一定社会生产方式相联系。由此也决定了为人性获得相应的尊重与满足而提供制度保障的物权法制定、民法典编纂等各种形式的立法应充分立足于这种以人性为基础的客观生活实际。任何超越或滞后于社会具体历史发展阶段而天真设计或刻意回避的法律规定都会给相关主体权益的实现以及社会的发展带来额外的沉重成本，如广受诟病的依《物权法》规则商品房小区业主对物业服务公司维权的艰难即是最为明显的例证。联想到一个多世纪以前德国民法典所经历的前后几十年的制定过程，其之所以漫长固然根本取决于当时的德国社会生产方式还没有发展到急需要一部近代意义上的比较系统与完整的民事法律来规范与调整的地步，但同立法技术上尽可能追求科学、严谨与慎重也不无关联。我国的民法制定如果从 1954 年起算，迄今已逾半个世纪，个中原因与德国大致相同。因此，在全面把握历史与现实国情的基础上，德国的经验对于我们今天做好相关立法工作应有一定的借鉴价值。

　　另外，因人性无异，彼此皆同，由此而抽象出的人与人之间平等的观念构成了法律最为基本的精神内涵。如何将已有民事法律一定程度忽视的对以人格为基础的生命的尊重及生命过程中权利与机会平等的尊重通过具体的法律制度体现出来，应是我国今天民法典编纂的关键所在。就此而言，民法典编纂断不可是《民法通则》《合同法》《物权法》《婚姻法》《继承法》及相应有权解释小修小补之后的简单汇合。

关于民事诉讼调性的再思考

徐艳阳[*]

调性最初是一个音乐概念，比如 C 大调、A 小调。后来许多领域都用这个概念来借喻，比如品牌的调性、电影的调性。从字面上讲，调性就是风格定性，是传达给受众的印象和范式。我们梳理了一下商标侵权案件审理中的一些难点，发觉这些难点有着可以串联起来的"草蛇灰线"，即争议更多的不是具体条文诠释的技术问题，而是对民事诉讼定位职能的理念问题，还不只是孤立的法官的理念，而是与文化、立法、公共政策相关的理念问题。因此，需得在更大的视域范围对商标侵权案件难点加以思考。本文借用"调性"这个不那么符合学术规范的用词对此展开讨论。

一、问题与问题的界定

实务中存在着各式各样的案件争议问题。以笔者工作的合肥中院知识产权法庭为例，该法庭挂牌成立一年多以来，受理商标类知识产权案件1422件，其中一审案件1362件、二审案件60件、已审结1085件，其中调解、撤诉结案808件，占74.5%。从此类案件低上诉率、高调撤率看，案件审理的难度并不是特别大。具体的案件争议有以下几个问题：一是商业维权（如知假买假职业打假人）的正当性；二是通过网络购买的产品能否以收货地作为侵权行为地并以此确定地域管辖；三是"三无"产品能否作为合法来源抗辩；四是个体工商户销售的产品标注的字

---

* 作者为合肥市中级人民法院副院长。

号使用了别人的商标是否构成不正当竞争；五是在防伪技术日益复杂的今天，商标假冒与否的认定多依赖商标人的解析是否伤害了法官的居中性；六是原告方举证提供的公证书、行政处罚决定书因为程序问题被撤销，其中载明的事实能否在民事诉讼中被认定；七是原、被告都有注册商标，法院在认定侵权之前是否需要等待行政机关撤销注册行为；八是商标近似与否的认定、通用名称贴靠与否的认定都有极大的主观性，这给法官赋权的同时也带来了很大的压力。这些看起来有些琐碎的争议点，每一点展开来都是一篇论文。但更令人疑惑的是，这其中每一个问题能否孤立地加以解决？

如果我们确认了职业打假人的正当性，确认了网络销售收货地作为管辖地，商标权人设计方便自己维权的策略就有了依据。如果"三无"产品不能作为合法来源抗辩，个体工商户销售的产品标注的字号使用了别人的商标构成不正当竞争，商标人（通常指防伪技术拥有者）的解析可以成为认定假冒与否的依据，商标权人就可以在诉讼中取得相对优势的地位。如果公证书、行政处罚决定书因程序问题被撤销并不影响民事诉讼中的事实认定，在双方都有注册商标的情况下法院无须等待行政机关撤销注册行为，法官在商标近似与否、通用名称贴靠与否的认定上有更坚定的自信，商标权人维权进程就会直接、便捷得多。

相反，如果对上述问题都做了否定性的认知，商标权人的维权就会困难重重。事实上，这些表面分散的问题有一条贯穿始终的主线，那就是：一边是商标权人，一边是可能的侵权人，民事诉讼应在哪个平衡点上设计自己的职责定位呢？

我们现行的三大诉讼法基本构造来自西方，即两造对抗对簿公堂、法官居中裁决这样一种范式。这样的一种范式隐含的前提是两造在分配正义这样一个基础关系上已基本实现了地位和能力平等。正因为两造平等，程序正义才能最大化地指向实质正义。同时，我们又受传统体制、文化的影响，民众对权力（包括司法权）之威和案件之铁有着超乎制度的期许。在铁案如山的理念裹挟下，法官会对负举证责任的原告（商标权人）提出更高要求。

在法律移植和文化基因传承这两种不同因素的影响力下，民事诉讼呈现出既有被动性、保守性而又有垄断性、家父性和严格性这样一种调性。学者们常倾向于逻辑推导的应然，但我们这些从实务中出身的人以自己的经验法则对实然加以倒推分析，会觉得程序正义没有最大化地指向实质正义并实现社会有效治理，民事诉讼法这种调性有加以调整的必要。

二、具体个案的局部分析

为避免文章结构内容过于散乱，本文将"职业打假人正当性"作为讨论的重点，并以近日热议的青岛中院"职业打假者获十倍赔偿"的裁判为样本，虽然这个案件并非一起典型的知识产权案件。

青岛中院这起案件案情比较简单：原告韩某某先后两次共计购买了12瓶2010年产的阿玛罗尼·威爵红葡萄酒，总价款20160元。该进口红酒无中文标签，原告此前在多个法院就类似因由提起过多个诉讼，应属知情购买的职业打假者。

这起案件的判决一脱八股文式的司法判词，以泼辣的文风从多个角度进行了论理。因为《消费者权益保护法》规定了十倍惩罚性赔偿，只有界定本案原告是消费者才有可能据此获得十倍赔偿。其中就职业打假者是不是消费者这一问题着墨甚多。青岛中院的判决认为，判断购买者是否是消费者，不是以购买者的主观状态为标准，而是以标的物性质为标准。从文义上讲，以这两种中的哪种作为判断标准都是可行的，所以文义解释不足以解决这个问题。这个问题归根结底是一个政策性问题。

青岛中院的判决也从这个角度进行了把握，"每一起消费者针对经营者经营不符合食品安全标准的食品的行为提起的诉讼，都会或多或少促使经营者更加重视食品安全，促使消费者更加关注食品安全，进而使法律的规定得到进一步的落实"。由此可见，青岛中院的法官是有将个案裁判作为社会治理杠杆的自觉的。

反对青岛中院判决的理由主要是：第一，这个判决违背了一个古老的法律信条，即任何人不能因为法律的规定而不当得利；第二，商家出卖假货既然构成对于公众的威胁，那么就只能由公共权力机构追究其责任；第三，不能把诉讼理解为营利行为之一，自古以来诉讼都只是权利被侵害之后的救助行为；第四，法院利用公器帮助某个人营利，此即基本认知混乱。

对正反方上述立场进行观察，可以印证前文所提到的学界和实务界对应然、实然各自不同的偏好。对这两者孰是孰非进行讨论，可以参考惩罚性赔偿制度出台时对制度设计意义的考虑。

传统民法认为，损害赔偿的功能在于弥补受害人的损害，"损害—补救"的过程是一个受损害的权利被恢复的过程。"损害赔偿之最高指导原则在于赔偿被害人所受之损害，俾于赔偿之结果，有如损害事故未曾发生者然"。由此可见，赔偿制度的宗旨并不是惩罚行为人。而惩罚性赔偿制度的产生和发展又在一般损害赔偿制度之外发展了一种例外的赔偿制度，其目的在于实现除赔偿之外的制裁和遏制功能，即针对那些具有不法性和道德上的应受谴责性的行为而适用的惩罚，从而实现对加害人以及社会一般人产生遏制作用。

王利明教授曾经举过一个例子：张三无故打了李四一个耳光，李四怎么办？可不可以正当防卫？法律上规定是可以的，但是从近年出现的山东辱母案、昆山于海明正当防卫案、福州赵宇正当防卫案、涞水王新元一家正当防卫案等可以看出，我们对正当防卫是从严掌握的。可不可以采用自助行为或私力救济？我们国家的法律对自助行为或私力救济语焉不详，大约也是反对的。李四当然可以诉诸公权力，但是因为行为轻微，够不上刑事或治安处罚，如果诉诸民事诉讼也是困难重重：一个耳光一般只会产生火辣辣的疼痛和相应的羞辱，还不致发生医药费、误工费等损失，即使是有这些损失，李四也只会收到补偿，而不会从中获益。相形之下，提起诉讼却可能发生新的损失，比如因诉讼发生新的误工费、律师费、垫付的诉讼费，更重要的是诉讼结果不确定的内心煎熬。人多是冷静计算的经济人，计算之下多数会退却，李四这巴掌算是白挨了，这不意味着矛盾化解，而是矛盾的积聚，积聚的矛盾就增加了爆发的概率。因此制度杠杆不是可有可无的，而是在制度设计时就必须加以考虑的。

按照民法侵权损害赔偿的填平原则，民事诉讼至多是弥补损失，但在很多情况下损失是填不平的。按照现在的诉讼格局，造假者越来越专业，维权者却不能是"职业的"，平等的诉讼构造却固定了事实的不平等。对知识产权侵害而言只涉及二级伦理，普遍性违法十分突出。虽说是有行政机关公权力可以处罚，但面对庞大的普遍性违法，力量对比悬殊，选择性执法在所难免。此种种叠加情况造成目前几成灾难的假货市场，我们还不需要对我们固守的原则加以反思吗？

三、问题思考的几个维度

（一）国外的做法

本文未就此问题进行域外法的全面检索，但是我们一方面不时听到天价赔偿的域外新闻，另一方面也能在有限资料里观察到域外法赔偿相关规定力度并不小。

比如美国侵权法规定有一般特殊赔偿、对非金钱损害的补偿性赔偿、对金钱损害的补偿性赔偿、惩罚性赔偿以及对过去、现在和未来损害的赔偿、诉讼费用。其中值得注目的是：（1）不需证明金钱损失可给予的补偿性赔偿，包括对人身伤害的赔偿以及对精神痛苦的赔偿。（2）因他人的侵权而遭受损害者，有权从该他人处获得对该侵权作为法律原因所造成的所有过去、现在和未来的损害的赔偿。（3）惩罚性赔偿：惩罚性赔偿是在补偿性赔偿或名义上的赔偿之外，为惩罚该赔偿交付方的恶劣行为并阻遏他与相似者在将来实施类似行为而给予的赔偿。惩罚性赔偿可以针对因被告的邪恶动机或其莽撞的无视他人的权利而具有恶劣性质的行为作出；在评估惩罚性赔偿的数额时，事实裁定人可以适当考虑被告行为的性质、被告所造成或意欲造成的原告所受损害的性质与范围以及被告的财产数额。

根据上述规定，可以看出美国法在填平原则适用时有着更强的是非观和赔偿力度。而其对惩罚性赔偿的规定，亦有着深刻的社会治理的自觉（"阻遏他与相似者在将来实施类似行为"）。

（二）法理人性下的制度杠杆

《吕氏春秋》记载：鲁国有法律，如果鲁国人在他国见到同胞遭遇不幸，沦落为奴隶，只要能把这样的人赎回来帮助其恢复自由，就可以从国家获得补偿和奖励。孔子的学生子贡把鲁国人从他国赎回来，但拒绝了国家的补偿，孔子认为子贡做错了："向国家领取补偿金，不会损伤到你的品行，但不领取补偿金，祖国就没有人再去赎回自己遇难的同胞了。"后来，另一学生子路救起一名溺水者，那人送出一头牛表达感谢，子路收下了。孔子高兴地说，鲁国人从此一定会勇救溺水者了。由此可见，提倡以德治国的孔子并不排斥制度杠杆，这两件事倒呈现了孔子对人性、对制度杠杆深刻而细微的洞察。

政府在社会治理中与民众之间的关系，可以分为以民众为主导和以政府为主导。前者政府是一种松散型政府，比如：西班牙十个月没有民选政府，却有经济增长，经济增速达到3%，节省了政府开支，人民反而过得更好。后者是家父型、祭司型、全能型政府。各国有各国的国情，对于中国而言，不说没有政府，就是政府乏力都是不可想象的，是灾难性的，但是维系各个领域的全能政府也是不可思议的。

即或是皇权时代，按照费孝通的说法也是皇权与绅权的共治。如今的政府，如何能全知全能地维系幅员辽阔、人口众多、发展不平衡而又处在转型期、尚有那么多那么深刻的矛盾无法解决的现代社会？且不说能不能看管得过来，首先庞大的财政支出就会带来巨大的压力，在经济下行压力加大的情况下这个压力将更为突出。我们精简机构为什么减不下来，原因是多方面的，但政府事繁是重要原因。

特别值得一提的是假冒伪劣产品常涉及食品、卫生这些特别重要的民生领域，过去已有三鹿奶粉事件、长生疫苗事件等严重问题出现，一方面将民众推向海外代购，另一方面产生严重的治理危机。不得不说，"严格立法、普遍违法、选择执法"的格局显然不能适应这么重要的领域。

正如朱苏力教授所说，"要考虑自己的努力在这个真实世界，这个谁都是机会主义的博弈者的世界中的后果……必须理解社会，理解真实世界中的人和他们的一切对策，理解真实世界中的各种具体的制约条件"。美国最高法院布雷耶大法官也有相类表述，"法官在解释法律时，应特别注重探究立法意图与预期后果，充分考虑司法决策在现实世界中可能导致的后果"。

在全面依法治国的今天，法律思维的养成很重要，法律杠杆的设计也很重要。法律不是不考虑动机之类的主观因素，但显然更重视行为，因此在很多情况下它们不是要件事实。我们是社会主义市场经济国家，这是宪法规定的，民事法律无论实体法还是程序法，都倾向于市场主体平等博弈以此实现市场动态平衡和稳定。因此，在市场中放入职业打假人这种"鲶鱼"不是坏事。

（三）政权基础的人民性

近日，胡云腾大法官在《中国法治实施报告（2018）》发布会上作了《激发民众实施法治的磅礴力量》的主旨演讲，他认为，依靠民众推进法治实施是中国共产党人的一贯主张和要求，是被新中国革命、建设、改革历史证明的成功经验，是许多法治国家值得借鉴的有益经验。他据此想强调的一个基本观点是：要更加突出人民群众在法治实施中的主体地位，切不能把民众作为法治实施的客体或对象；要更加重视激发和汇聚人民群众实施法治的伟大力量，切不能把民众的意见作为负能量。

胡云腾大法官所举事例诸如昆山于海明正当防卫案、福州赵宇正当防卫案、涞水王新元一家正当防卫案、郑州电梯劝烟案、唐山朱振彪追赶违法嫌疑人案等均不是商标侵权案，但其中隐含的法理都是相通的，即实现对民众的解放，放宽他们的自助行为，允许一定的私力救济，支持他们采取获利的诉讼行为。他们自行博弈也是一种自治，是他们内心一直涌动的实施法治的磅礴力量。在民智大开、民意难违的今天，这是难以抗拒的未来①。

四、结语

本文开头罗列了八个商标侵权案件的难点，这些问题整体上成为争议，正是一个时期以来立法和司法认知对商标权人有所苛责，没有很好地把握权利人与侵权人之间应有的平衡关系的体现。当然也不是说这八

---

① 引自胡云腾大法官朋友圈，向其致歉并致谢。

个问题都要大幅度地向对权利人有利的方向靠拢。本文不是谈具体的认知，而是借此描述民事诉讼的调性，不能形成有效阻碍当下的商标侵权的制度杠杆，因而有深度反思和调整的必要。

民事案件的审理当然是一种公权力，但也不必太过端着。不论我们怎么将其垄断化、全知全能化、神圣化、最终化，对当事人来说就是成本获益计算的一种产品，就是源源不断的经济流中有法官干预的一小节而已，咱不能自说自话不是？

谈谈修正《国家赔偿法》的外科思路

陈　聪*

自 2012 年 10 月《国家赔偿法》第二次修改以后，至今已经过了 7 年，根据国家依法治国总目标的客观要求，以及 7 年来国际国内形势的变化和国家发展的实际需要，再次修改《国家赔偿法》，势在必行且迫在眉睫。

（一）现行《国家赔偿法》的滞后性十分严重

近几年的司法实践证明，现行《国家赔偿法》已经严重跟不上依法治国的脚步。将建设中国特色社会主义法治体系、建设社会主义法治国家作为依法治国的总目标，是党的十八大、十九大一贯的倡导。司法公正，无疑是基于个案而从总体上追求的现实目标。这个公正的实现，包括不可或缺的两个方面：一是通过在治标层面国家在错案面前的责任担当设计机制，反向监督司法实务单位切实严格依法履职；二是在治本层面国家及时制定或更新具有明确且可操作、必须操作的责任追究机制、制度。既杜绝冤假错案，也保障受害者的权利救济，前后相继，是依法治国不可逾越的底线。作为司法实务中最重要的一员，最高人民法院连续几年在最高人民法院工作报告中提出要坚决防止和纠正冤假错案，并且身体力行制定了卓有成效、重点突出的相应制度规范，为更好落实刑事冤错案件的国家赔偿创造了不可或缺的制度条件。然而，十分遗憾的是，由于立法的先天缺陷，最高法院的种种努力并没有改变现行《国家赔偿法》一出台就存在的问题——重赔偿、轻追责。2013 年 5 月，浙江张辉、张高平叔侄国家赔偿案件中的精神损害抚慰金各 45 万元，人身自

---

* 作者为黑龙江省富裕县人民法院审判员。

由权赔偿金 65 万元；2014 年 12 月，内蒙古自治区高级人民法院作出赔偿决定的呼格吉勒图案件，国家赔偿总额 205 万元，其中精神抚慰金 100 万元；2017 年 3 月，河北省高级人民法院作出赔偿决定的聂树斌案件，国家赔偿总额 268 万元，其中精神抚慰金 130 万元。尽管许多人一直在关注着，可是最终看到的结果仍然是，国家财政在为这一系列错案买单。《国家赔偿法》第三十七条规定："赔偿费用列入各级财政预算。赔偿请求人凭生效的判决书、复议决定书、赔偿决定书或者调解书，向赔偿义务机关申请支付赔偿金。赔偿义务机关应当自收到支付赔偿金申请之日起七日内，依照预算管理权限向有关的财政部门提出支付申请。财政部门应当自收到支付申请之日起十五日内支付赔偿金。赔偿费用预算与支付管理的具体办法由国务院规定。"国家财政的来源是税收，主要是企业和国民的劳动收入。《国家赔偿法》第六条规定："受害的公民、法人和其他组织有权要求赔偿。"第二十条规定："赔偿请求人的确定依照本法第六条的规定。"就是说，最终获得国家赔偿的和实际创造赔偿款项的，是同一类主体。那么，公平、公正在哪里？这就是通常所说的，干警感冒（错案）老百姓吃药（为国家赔偿买单）的真实写照。这就像老百姓奉行的理儿——"能够用钱来摆平的事儿，都不是个事儿"。既然如此，用纳税人的钱来弥补某些干警和办案单位的错，根本不是司法公正。依法治国总目标下的司法公正，必须从造成司法不公的源头上、机制上、制度上立法治理，而现行《国家赔偿法》之缺陷必须首先开刀。

和最高人民法院每年在最高人民法院工作报告中说的不符的是，《最高人民法院关于人民法院赔偿委员会审理国家赔偿案件程序的规定》中没有追责的内容。《最高人民法院关于国家赔偿案件案由的规定》中 14 个案由没有一个是关于追责的。1994 年 12 月 22 日，《国务院办公厅关于实施〈中华人民共和国国家赔偿法〉的通知》之四"通过实施国家赔偿法，把政府法制工作提高到一个新水平"强调："实施国家赔偿法，对政府法制工作提出了新的更高要求。当前，行政执法问题相当突出：一是滥用职权乱执法，如乱收费、乱罚款、乱摊派等；二是消极怠慢不执法，如不依法管理、不制裁违法行为等。这些表现都会严重影响法律的权威和政府的形象。"其中未提追责的事。

《国家赔偿法》有关追责的规定也并不完善。该法第十六条规定："赔偿义务机关赔偿损失后，应当责令有故意或者重大过失的工作人员或者受委托的组织或者个人承担部分或者全部赔偿费用。对有故意或者重大过失的责任人员，有关机关应当依法给予处分；构成犯罪的，应当依法追究刑事责任。"第三十一条规定："赔偿义务机关赔偿后，应当向有下列情形之一的工作人员追偿部分或者全部赔偿费用……对有前款规定情形的责任人员，有关机关应当依法给予处分；构成犯罪的，应当依法追究刑事责任。"

上述法律条款，对追责的表态略显暧昧，对于责任干警和机关，给不给处分、如何给处分、给什么样的处分、对处分结果的监督等问题，一概推出"国家赔偿"这个大门，把追责主体模糊化。然后，处分的依据，又属于其他部门法。如此看来，国家的财政被《国家赔偿法》拿去"平事"了，而不是解决问题去了。

《国家赔偿法》对于责任干警和办案单位的错案责任，缺乏明确的追究规定。该法第三条、第四条、第十七条和第十八条列举了干警的错误行为类型，也就是明确了一个事实，是这些行为最终导致了国家赔偿！但是，责任干警和办案单位要为自己的错误行为承担什么样的责任，一句没有。一个时期以来恶性存在的城管痼疾，其滋生和难于治理与《国家赔偿法》的缺陷之间存在一定关联。这种立法滞后情形与有关具有超前意识的务实工作部署，形成了鲜明的对比。《最高人民法院关于贯彻执行〈关于审理人民法院国家赔偿确认案件若干问题的规定（试行）〉的通知》（法发〔2004〕19号）指出，"依法对人民法院违法行使职权的行为进行确认，是国家赔偿法赋予人民法院的审判职责，是人民法院贯彻'三个代表'重要思想，牢固树立科学发展观，践行司法为民，保障公民、法人及其他组织的合法权益，实现社会公平正义的重要途径，是人民法院坚持独立审判，强化法律适用统一和文明司法的重要保障。一个时期以来，少数法院在审判和执行等司法过程中，违法行使职权的情形严重损害了人民群众的合法权益，损害了人民法院公正司法的形象，损害了司法权威，必须引起高度重视。各级人民法院必须在努力防止违法行使职权现象发生的同时，对已经发生的违法行使职权的行为依法予以确认"。

《国家赔偿法》存在上述问题的原因在于没有完全厘清错案责任与赔偿责任，因此在适用上缺乏可操作性。因此，笔者认为《国家赔偿法》的第一条宜修改为："为保障我国司法公正，及时、准确认定错案中的干警和办案单位的责任，使其承担应有的责任，并切实保障赔偿请求人依法享有国家赔偿的权利，促进国家机关及其工作人员和受托从事公务的人员依法行使职权，根据宪法，制定本法。"第二条宜修改为："国家机关及其工作人员、受托从事公务的人员行使职权，有本法规定的侵犯公民、法人和其他组织合法权益的情形，以及怠于行使职权而给相对人造成损害的，请求人有依照本法要求有关机关和个人承担法律责任以及依法取得国家赔偿的权利。"

（二）科学设计，立法授权中级以上审级的人民法院赔偿委员会，牵头统一适用《国家赔偿法》

前述问题的一个重要形成原因，就是在立法时有的法律要么干脆就没有罚则，要么仅有的几句罚则显得可有可无。

我国的最高人民法院、最高人民检察院、公安部，都有自己成形的追责规范和相应的内设机构。在全面依法治国的大背景下，这种政出多门、尺度不一、缺少外部监督渠道的追责残局显然是不合适的，及时促进修正现行《国家赔偿法》，对于这几家机关而言，责无旁贷。

本着追责与理赔相一致的原则，应当考虑把追责规定和理赔规定放在一部法律当中，二者之间的启动应当是前后一致、承前启后的关系。完善后的《国家赔偿法》有关追责的规定，应当是适用于所有的国家机关及其工作人员、受托从事公务的人员。

在机构设置方面，立法赋予中级人民法院的赔偿委员会牵头与本院的派驻纪检组、监察室联合工作的权力，责任单位以及责任干警所属单位的派驻纪检组、监察室，负责协助工作。

在具有特殊性的刑事案件方面，立法明确规定，根据在审理、侦查、审查中的具体失职和过错情况，认定承办人、合议人、审委与检委、局务委员，甚至包括违纪违规干预和影响办案单位和干警正常履职的各种各级职位上的人员，具体应当承担的单独或共同错案责任，经过层级上报后，并商有关纪委监察委、组织部、政法委和人大机关形成追责结论。

对于责任单位的责任认定，立法规定中级人民法院以上审级的赔偿委员会，在同级纪委、监察委的支持下，提请本级人大通过听证途径认定其错案和赔偿责任，上一级异地人大机关对下级人大机关负有复议权责。

（三）正确区分三种责任的边界，确保责任清晰到位

首先，关于错案责任与赔偿责任的辨析。

要正确认识到，错案责任与赔偿责任有相关的一面，但并不总是捆绑共生的。实践中，许多错案并不导致赔偿的后果。同时，一些无过错因素导致的赔偿案件，例如民警执行任务的误伤情形，客观上也不存在追责问题。所以，对于没有赔偿请求的案件或者经过审理后不予支持赔偿请求的案件，在有责任需要追究的时候，应当径行启动追责程序；而对于那些只有赔偿情形、不需要或者依法不应当追责的案件，人民法院只需单就赔偿问题予以审理和裁决。2018 年 1 月 25 日，最高人民法院第三巡回法庭就许水云诉浙江省金华市婺城区政府强拆违法、行政赔偿一案在江苏省南京市公开开庭审理并当庭作出判决，在一、二审法院已有判决基础上，案件紧紧围绕再审申请，通过正确区分违法强拆与合法征收中的强拆，厘清补偿与赔偿，正确适用法律，最终实现赔偿义务机关承担违法赔偿的责任。这个判例的信号意义在于，对于某些国家赔偿案件，错案责任的前因与国家赔偿责任的后果之间是因果关系。

其次，关于赔偿责任与返还责任的辨析。

对于违法对财产采取查封、扣押、冻结等行政强制措施等类型的案件，在没有因为违法行为造成损失、相应行为没有构成犯罪的情况下，有关机关承担的是解除职权措施后的返还责任，而不是赔偿责任。对此，立法应当予以相应修改，赔偿是赔偿，返还是返还，不能把赔偿与返还混淆。并且要明确规定，赔偿程序不能代庖审理行政诉讼或复议案件，在依法释明的前提下依法不予确认、驳回赔偿申请，由申请人另行通过相应渠道寻求救济。

再次，关于国家责任与个人责任的辨析。

公务人员在没有过错、执法并不失当的情况下，造成了请求人的物质或者精神损失，那么，这种情况下，只有国家赔偿，不存在追究责任的问题。但是，如果在审理中发现案涉赔偿原因事实属于有关规定、规范方面的，审理机关有权司法建议相关制定机关予以修正。

（四）关于赔偿义务的承担机制问题

《国家赔偿费用管理条例》貌似解决了赔偿费用的出处问题，实则不然。该条例第三条规定："国家赔偿费用由各级人民政府按照财政管理体制分级负担。各级人民政府应当根据实际情况，安排一定数额的国家赔偿费用，列入本级年度财政预算。当年需要支付的国家赔偿费用超过本级年度财政预算安排的，应当按照规定及时安排资金。"第四条第一款规定："国家赔偿费用由各级人民政府财政部门统一管理。"由此不难看出，赔偿义务机关、赔偿委员会和管理赔偿费用的机关，是一个爹妈养的亲兄弟，费用的出处直接与各方利害相关。这个规定一定程度上导致了赔偿难的客观现实，赔偿委员会很不容易决定一个锅里吃饭的亲兄弟少吃一口，让给他人。

在这里，有必要一提的是，我国有多大面积贫困地区，有多少戴着贫困县帽子的，有多少政法单位自身待遇还落实不到位的？在这样的情况下，当地财政数米度日，吃饭问题尚未彻底解决，那么《国家赔偿费用管理条例》在很大程度上不就难以落实吗？《当代法学》2018 年第 2 期刊登了复旦大学法学院副教授、法学博士杜仪方的文章《新〈国家赔偿法〉下刑事赔偿的司法实践研究》，其中提到，2010 年以前的《国家赔偿法》甚至一度被百姓戏称为"国家不赔法"。事实上，从 2003 年开始，刑事赔偿的赔偿率就一直呈下降趋势。赔偿率自修法的 2010 年首次跌破 40% 后开始一路下滑。其中，2011 年、2012 年和 2015 年这三个年度能够获得赔偿的比率更是明显下降，几乎每年的赔偿率都比上年下降6% 左右。

在反复探讨的基础上，本文建议在国家赔偿的修法设计中大胆引入保险角色，设立错案责任险。错案责任险的缴费比例，以审判机关为例，按照审级和独任、合议等分类确定。对执法者实行无错案返还保险费奖励与错案赔偿处罚双轨制，从而使法律适用的准确性与执法者的切身利益直接挂钩，公平和现实解决赔偿费用问题，树立国家机关及其工作人员、受托公务人员的诚信执法形象。

修改立法，规定责任人员所属机关对错案人员在赔偿方面的无条件担保责任。就是说，立法明确所有国家机关均对自身及其所属人员负有落实国家赔偿义务的绝对责任。

在各级财政部门设立单独的国家赔偿保险公司，解决赔偿费用问题。通过这个设计，从根本上解决公务人员犯错、纳税人买单的问题，也通过这个设计，从根本上解除公务人员薪酬负担的心理顾虑。

现行《国家赔偿法》的修改必须是精准施术、对症下刀的外科处置。在立法理念上、追责与理赔的双行架构上、赔偿费用的来源保障上，实现脱胎换骨。

俄乌百年恩怨情仇诉诸国际法庭

张卫华 *

  2019 年 5 月，一部新播的电视剧《切尔诺贝利》（Chernobyl），在网络上受到了广泛好评，豆瓣评分高达 9.7 分。了解豆瓣评分的读者应当知道这个评分非常罕见，被奉为世界电影史经典的《肖申克的救赎》和《阿甘正传》的豆瓣评分也只有 9.6 分和 9.4 分。这部制作精良的 5 集"迷你"剧，把 20 世纪 80 年代发生在乌克兰的这起历史上最严重的核电事故，再次呈现在世人面前。观众们被核事故的恐怖震撼，对苏联官僚体制的僵化和麻木也议论纷纷。令人意外的是，俄罗斯和乌克兰这两个民族的历史性的恩怨情仇也成为网民争论的热点之一。尤其是当前，俄罗斯和乌克兰两国关系因为克里米亚"公投入俄"长期陷入僵局，乌克兰东部顿巴斯地区仍然战火连绵，两国在连通黑海和亚速海的刻赤海峡地区也是冲突不断。国际社会高度关注俄乌两国关系的未来走向。

  对于处在当前俄乌冲突焦点位置的克里米亚半岛，喜欢历史的读者不会陌生。近代以来，土耳其人、俄国人、法国人、英国人、德国人在这块土地上接连厮杀，"克里米亚战争"、"塞瓦斯托波尔要塞"、德国元帅"曼斯坦因"、口径 800 毫米的"古斯塔夫大炮"等词语对于军迷们更是如雷贯耳。历史上因争夺克里米亚半岛而发生的争端，残酷而且血腥。然而值得注意的是，与 18 世纪波将金率领 7 万俄国大军占领克里米亚，并最终把克里米亚并入俄罗斯帝国版图不同，这次克里米亚是通过"全民公投"并入俄罗斯的；而乌克兰也并未像克里米亚战争中的土耳其与英法结成同盟向俄罗斯开战，相反，它选择了国际法作为斗争的武

---

  * 作者为中国社会科学院国际法研究所助理研究员。

器，选择了以联合国为代表的各种国际组织和国际法院等各种国际司法程序作为维护领土主权的战场。

2016 年 9 月，为了"维护其作为沿海国在毗邻克里米亚的海域的权利"，乌克兰通知俄罗斯，它已经根据 1982 年《联合国海洋法公约》附件七向俄罗斯提出仲裁要求。2017 年 6 月，国际常设仲裁院把该案登记为"有关沿海国在黑海、亚速海和刻赤海峡的权利"案（乌克兰诉俄罗斯），并且已经成立了仲裁庭且通过了仲裁程序。

2017 年 1 月 17 日，乌克兰向国际法院提交申请，起诉俄罗斯联邦"违反1999 年 12 月 9 日《制止向恐怖主义提供资助的国际公约》和 1965 年 12 月 21 日《消除一切形式种族歧视国际公约》"。同一天，乌克兰请求法庭指示临时措施，

国际常设仲裁院庭审现场

在法庭对实体问题作出判决之前，保护乌克兰根据上述两个公约享有的权利。2017 年 4 月 19 日，国际法院发布命令指示了以下临时措施："（1）关于克里米亚局势，俄罗斯联邦必须按照《消除一切形式种族歧视国际公约》规定的义务，（a）不得对克里米亚鞑靼人族群保留其人民理事会等代表机构的能力维持或施行限制；（b）确保有以乌克兰语提供的教育。（2）双方应避免采取任何可能加剧或扩延提交法院的争端或使其更难以解决的行动。"国际法院将该案登记为"《制止向恐怖主义提供资助的国际公约》和《消除一切形式种族歧视国际公约》的适用"案（乌克兰诉俄罗斯联邦），目前案件仍在审理中。

2019 年 4 月 1 日，乌克兰通知俄罗斯，把由"俄罗斯侵犯三艘乌克兰海军船舶及船上的 24 名军人的绝对豁免权"而引发的争端，提交《联合国海洋法公约》附件七所规定的仲裁程序。2019 年 4 月 16 日，乌克兰向国际海洋法法庭提交申请，请求法庭在乌克兰与俄罗斯之间发生的一起关于"三艘乌克兰海军船舶及船上的 24 名军人的豁免权"的争

端中，根据《联合国海洋法公约》第 290 条第 5 款规定临时措施。5 月 25 日，国际海洋法法庭发布命令，要求俄罗斯立即释放被扣押的 3 艘乌克兰军舰和 24 名军人。目前国际海洋法法庭已经根据乌克兰的申请，发布了有关规定临时措施的命令。

下文为大家介绍国际海洋法法庭审理的"关于扣留三艘乌克兰海军船舶"案（临时措施）的详细情况，希望能有助于读者了解国际司法机构的实际运作，正确认识国际法在国际争端解决中的意义和作用。

2014 年 3 月克里米亚"公投入俄"后，俄罗斯在实际上控制了刻赤海峡，乌克兰对海峡的使用受到阻碍。刻赤海峡是从亚速海进入黑海，接着进入地中海的唯一通道。亚速海沿岸是乌克兰东部重要的工业区，马里乌波尔（Mariupol）和别尔江斯克（Berdyans'k）是重要的港口城市和工业基地，因此，刻赤海峡不仅具有重要的战略地位，而且对乌克兰经济和对外贸易也至关重要。因此，乌克兰一直试图动摇俄罗斯对海峡的独占地位。

2018 年 11 月 25 日，乌克兰海军船只试图突破俄罗斯的阻拦，通过刻赤海峡进入亚速海，双方爆发冲突。俄方指责乌海军先后有 5 艘船只未获俄方许可试图穿越海峡，因此采取多种措施制止了"挑衅"行为；乌方则表示，俄舰艇故意撞击乌方海军拖船，并向乌炮艇开火，致使 6 人受伤，乌方 3 艘船只及船上 20 多人遭俄方扣留。2019 年 4 月 16 日，乌克兰向国际海洋法法庭提交了一份申请，要求法庭根据《联合国海洋法公约》第 290 条第 5 款规定临时措施。

国际海洋法法庭是 1982 年《联合国海洋法公约》为解决有关该公约的解释和适用的争端，而建立的一个独立的、常设性司法机构。该法庭成立于 1996 年 8 月 1 日，所在地为德国汉堡自由汉萨城。国际海洋法法庭由 21 名法官组成，从享有公平和正义的最高声誉，并在海洋法领域内具有公认资格的人中选举产生。法庭的管辖权包括缔约国按照《联合国海洋法公约》向其提交的一切争端和申请，以及将管辖权授予法庭的任何其他协议中具体规定的一切申请。

国际海洋法法庭对《联合国海洋法公约》的所有缔约国开放。国际海底区域内的活动应当提交 11 名法官组成的海底争端分庭，而且任何争端方还可以要求成立由 3 名海底分庭的成员组成的特设分庭来审理其争端。此外，根据《国际海洋法法庭规约》，法庭还成立了简易程序分庭、渔业争端分庭、海洋环境争端分庭和海洋划界争端分庭，而且，法庭还曾经应缔约国的要求，成立了负责审理具体案件的特别专案分庭。

除了对案件进行实体审理和作出裁决，国际海洋法法庭还有规定临时措施的权力。根据《联合国海洋法公约》第 290 条"临时措施"第 1 款和第 5 款的规定，法庭可以在两种情况下规定临时措施：一是如果争端已经正式提交国际海洋法法庭，而法庭依据初步证明认为具有管辖权，那么可在最后裁判前，规定其根据情况认为适当的任何临时措施，以保全争端各方的各自权利或防止对海洋环境的严重损害；二是在争端正向其提交的仲裁法庭组成以前，国际海洋法法庭如果根据初步证明认为将予组成的仲裁法庭具有管辖权，而且认为情况紧急有此必要，可规定、修改或撤销临时措施。但是，受理争端的仲裁法庭一旦组成，可以对这种临时措施予以修改、撤销或确认。我们这里所讲的乌克兰向国际海洋法法庭提出的规定临时措施的请求即属于第二种情况。在这种情况下，法庭的临时措施对管辖权是强制性的，除非当事各方之间有相反的协定。

在 4 月 16 日提交的有关临时措施的请求中，乌克兰表示当事方之间的争端是由俄罗斯联邦非法夺取和扣押军舰"Berdyans'k"号、"Niko-pol"号和海军辅助舰船"Yami Kapu"号，以及这些船舶上的船员和其他军人所引发的。这些船舶被俄罗斯联邦安全部边防部队海岸警卫队夺取的时候，正在黑海中从克里米亚海岸驶往其母港敖德萨。俄罗斯联邦不顾乌克兰的抗议，继续扣押乌克兰海军船舶，并以所谓违反俄罗斯边境管理法规的理由对其军事人员提起刑事诉讼程序。这 24 名军人仍然被关押在俄罗斯监狱里，并且受到俄罗斯政府平民当局的审问和精神检查，并被迫反复在俄罗斯法院出庭。羁押的每一天、每一次审问、每一次非自愿精神检查，以及每一次出庭都加重了俄罗斯对这些军舰、海军辅助舰船及其乘客和船员依据《联合国海洋法公约》和习惯国际法享有的主权豁免和航行自由的侵犯。

因此，乌克兰要求国际海洋法法庭发布一项命令，要求俄罗斯联邦迅速实行以下行为：（1）释放乌克兰海军船舶"Berdyans'k"号、"Nikopol"号和"Yani Kapu"号，并将其交由乌克兰保管。（2）中止对被扣押的 24 名乌克兰军人的刑事诉讼程序，并避免提起新的诉讼程序。（3）释放被扣押的 24 名乌克兰军人，并允许他们返回乌克兰。法庭决定在 5 月 10 日和 11 日开庭审理该案。

2019 年 4 月 30 日，俄罗斯联邦驻德国大使向国际海洋法法庭发出一封照会。在照会中，俄罗斯认为根据《联合国海洋法公约》附件七成立仲裁庭，对乌克兰提出的诉讼请求没有管辖权，因为俄罗斯和乌克兰都已经根据《联合国海洋法公约》第 298 条的规定，对有关军事活动的争端，不接受第十五部分第二节所规定的强制程序。俄罗斯联邦明确表示，与政府船舶和飞机的军事活动有关的争端，不接受上述附件七的程序。显而易见，俄罗斯联邦认为国际海洋法法庭无权对乌克兰提出实施临时措施的问题作出裁决。因此，俄罗斯联邦通知国际海洋法法庭不参加有关乌克兰请求规定临时措施的庭审。

2019 年 5 月 10 日，国际海洋法法庭在俄罗斯缺席的情况下进行了开庭审理，并于 2019 年 5 月 25 日发布了规定临时措施的命令。

国际海洋法法庭庭审现场

在有关临时措施的命令中，法庭首先分析了将来成立的附件七的仲裁庭是否对乌克兰提起的争端拥有管辖权。法庭指出，如果当申请人所提供的初步证据表明附件七的仲裁庭能够建立自身的管辖权，那么国际海洋法法庭就可以根据《联合国海洋法公约》第 290 条第 5 款规定临时措施，而不必完全确定附加七的仲裁庭对提交给它的案件拥有管辖权。法庭首先认定存在有关公约解释和适用的争端；然后对《联合国海洋法公约》第 298 条第 1 款 b 项进行了深入分析，认为问题的核心是提交给附件七的仲裁庭的争端是否与军事活动有关。法庭认为不能只根据有关活动中使用的是海军船舶还是执法船舶来区分军事活动和执法活动，也不能根据争端一方的定性来决定属于何种性质的活动，而是必须对有关行动的根本目标作出评价，同时应当考虑到有关

国际海洋法法庭的庭长白珍铉（韩国）

个案的具体情况。在分析了2018 年 11 月 25 日事件的具体情况后，国际海洋法法庭认为，根据它所收到的信息和证据，初步证据表明第 298 条第 1 款 b 项不能适用于当前的争端；然后法庭对于双方是否履行了《联合国海洋法公约》第 283 条所规定的"交换意见的义务"进行了分析；最后，法庭判定初步证据表明附件七的仲裁庭对将会提交给它的争端拥有管辖权。

然后，法庭对形势的紧迫性进行了分析。一方面，法庭认为，在规定临时措施前，法庭需要确信乌克兰要求保护的权利基本成立。在法庭看来，乌克兰被扣押的三艘船舶中，"Berdyans'k"号和"Nikopol"号属于《联合国海洋法公约》第 29 条意义上的军舰，而"Yani Kapu"号仅属于第 96 条所规定的专用于政府非商业性服务的船舶，因此，法庭判定乌克兰所主张的豁免权和航行自由权基本成立。而且，法院还认为被羁押的 24 名船员属于乌克兰的军事和安全人员，因此，乌克兰所主张的他们的豁免权也基本成立。另一方面，法庭认为，只有判定存在真实和紧迫的风险，有关争端当事方的权利将会受到不可挽回的侵害，它才能规定临时措施。在法庭看来，任何影响军舰豁免权的行为都将会构成对国家尊严和主权的严重侵犯，并且将会给国家安全带来潜在威胁。对乌克兰军人的羁押是对他们人身自由的持续侵犯，将导致人道主义关切。因此，法院判定存在对乌克兰权利的真实的和紧迫的威胁，应当根据

参加国际海洋法法庭庭审的乌克兰代表团

《国际海洋法公约》第 290 条第 5 款规定临时措施。

从而，国际海洋法法庭在 2019 年 5 月 25 日发布命令，规定了如下临时措施：（1）俄罗斯联邦应当立即释放乌克兰海军船舶"Berdyans'k"号、"Nikopol"号和"Yani Kapu"号，并将其交由乌克兰控制；（2）俄罗斯联邦立即释放被羁押的 24 名乌克兰军人，允许他们返回乌克兰；（3）乌克兰和俄罗斯不能采取任何可能造成提交给附件七的仲裁庭的争端进一步恶化或者扩大的行动。

规定临时措施的命令发布后，乌克兰欢呼"这是一次伟大的胜利"，而俄罗斯则坚持认为国际海洋法法庭没有管辖权。然而，不管今后事态如何发展，我们都应当看到，通过国际司法程序解决争端是一个重要的进步。国际司法程序是国际法所承认的和平解决国际争端的方式之一。《联合国宪章》第 1 条将"以和平方法且以正义及国际法原则，调整和解决足以破坏和平之国际争端或情势"规定为实现"维持国际和平与安全"的宗旨的两个步骤之一。1970 年《国际法原则宣言》重申了《联合国宪章》规定的各国"以和平方法解决其国际争端避免危及国际和平、安全及正义之原则"，规定"国际争端应根据国家主权平等之基础并依照自由选择方法之原则解决之"。俄乌两国之间的争端和冲突，如果能够通过国际司法程序得到解决，避免战火爆发给两国人民带来深重灾难，那么将会是俄乌两国人民的胜利和国际法的胜利！

犯罪之都

李 睿[*]

　　2017 年的暑假，笔者参加了芝加哥大学法学院科斯法经济学研究中心举办的暑期项目，在芝加哥度过了一个不同寻常的夏天。

　　芝加哥位于美国中西部密歇根湖的南部，是美国最重要的文化科教中心之一，也是世界著名的国际金融中心之一。作为美国人口第三大城市，芝加哥给人的印象是发达的经济、林立的高楼，被誉为"摩天大楼之乡"。然而，在过去的这些年中，芝加哥给人们带来的记忆，总难免有一点血腥。

　　芝加哥很坦然地自黑是"犯罪之都"，似乎是有一点如假包换。从 20 世纪 20 年代开始，凶杀、枪击、有组织犯罪，就一直与这座城市如影随形。一提到芝加哥，无论是经典百老汇音乐剧《芝加哥》，还是电影《芝加哥黑帮》，无不与这些或真实或模拟的犯罪事件相关。2016 年，芝加哥经历了近 20 年最暴力、血腥的一年，以至于市民多次游行示威，施压政府要有效治理治安问题。

　　芝加哥大学位于城南，再过几条街区，就是危险人群聚居的地区。从飞机落地的第一天起，口口相传的都是：晚上千万不要出门，学习晚了回去一定要坐校车；如没有校车则可以打学校警卫电话，他们一定会派专车把你送回家；日常活动千万不要超过第 60 街，因为第 70 街以后就是危险分子的聚居地。不幸的是，法学院却是在第 61 街，因此学院组织的任何活动，只要是晚上的，学院一定会包车保证把大家送回住处。

---

　　* 作者为上海财经大学法学院实验实践教学中心主任,北京市隆安律师事务所上海分所律师。

在如此的警告之下，平日里走在路上，心里难免都是惴惴不安的，日常穿着简单朴素，行走时捂紧背包、前后观望。只要一走出校区就看到，哪怕是在工作时间，街面上还是有很多无业游民或者流浪汉，真是非常触目惊心，令人没有安全感。

为了加强治安防控，芝加哥大学专门招募了大量校警。下班、放学高峰时间，在校区和周边每一个路口（真的是每一个路口），都有校警或警察值守。路边处处也都可见紧急报警桩，只要按下红色按钮，警察保证一分钟之内赶到。据说，不少华裔教授就是因为芝加哥恶劣的治安环境转到其他学校去了，如陈省身，就被伯克利挖走了。

刚抵达时，住在芝加哥大学附近的酒店，我半夜第一次听见了枪战，带来极大的心理冲击；随后搬进本科生宿舍，半小时内，我曾用微信录下六次警车从窗前呼啸而过的警笛声，发给了国内的家人……

芝加哥高发的犯罪事件，大多与枪支和毒品相关，换言之，枪杀已成为芝加哥谋杀案的主要方式。平均每一个星期，芝加哥都会发生80件左右的枪击事件。芝加哥的涉枪暴力犯罪原因错综复杂，其中最重要的是枪支管控的法律并没有真正落实，对于犯罪的控制和减少根本没有起到实质性的作用。限制本州的枪支流通与外州的枪支流入，防止枪支落入帮派成员手中，应当是芝加哥控枪法律机制重点关注的问题。

除此之外，芝加哥当地黑帮势力范围与结构的不断更迭，也将涉枪等暴力犯罪案件数量持续向上推升。芝加哥大学所处的南部与西部地区，是非洲裔居民比较集中居住的地区。在这些少数族裔底层人口聚集的社区中，贫困率与失业率"双高"，犯罪团伙聚集，黑帮势力深重。在此情形下，各类错综复杂的城市治理问题盘根错节。表面上看是枪支泛滥的管控问题，深层次下是贫穷问题，是底层民众的教育、医疗和生存危机。

警民关系的紧张与失序，是芝加哥凶杀案激增的另一重要原因。受到民众充分信赖的警民关系，是一座城市安定祥和的重要基石。基石一旦被破坏，直接影响的就会是城市的稳定与安全。频发的警察暴力执法事件，让民众对当地警察失去了信任。2016年数百名芝加哥市民聚集在芝加哥市中心举行游行示威活动，强烈谴责芝加哥警察枪杀奥尼尔的事件。当天前来参加示威活动的人大多数是年轻人。他们高喊着"没有公正就没有和平"的口号，拿着"不要杀手警察""制止警察暴行"的标牌走上街头。一些组织者还发表演说，表达对芝加哥警察暴力执法事件频繁发生的不满和抗议，呼吁司法要公正。警民之间关系的紧张以及信任度丧失，使芝加哥陷入高犯罪率、低破案率的泥潭中难以自拔，且这一恶性循环在不断加剧。

2017 年的暑假，正是北大访问学者章莹颖失联的时间，芝加哥大学校园的布告牌上，还处处张贴着寻找目击证人的通告。斯人已逝，期待正义早日抵达。

伯克利的法学课堂

王　燃*

初到伯克利

加州大学伯克利分校（University of California, Berkeley）坐落在美国西海岸的加州伯克利市，与旧金山（San Francisco）仅隔一个海湾。人们也习惯称之为"湾区"（Bay Area）。加州气候宜人，四季如春，加州阳光更是享誉全球。

初到伯克利是一个夏日清晨，雾气蒙蒙很是凉爽。整个校园沿山势而建。往西是伯克利市区，往东则是蜿蜒起伏的山脉。法学院位于学校的东南角，地势较高，天气晴朗时可以直接眺望远处的金门大桥和海湾。沿着法学院东边的山路拾级而上，便看到一幢幢玲珑别致的住宅（山上是当地富人区），清幽的野花静静地开放着，时不时还有几只可爱的小鹿窜出来。到了山顶，整个湾区的美景便尽收眼底，海市蜃楼般如梦如幻。特别是落日时分的晚霞，每天颜色都不一样，粉的、紫的、红的、黄的……

校内最高建筑是闻名遐迩的钟楼（Sather Tower），整点时会有报时音乐，后来才知道是真的有人在演奏。沿着钟楼向西前行有一小片树林，一棵棵粗壮而高大的红杉树，看着至少有百年的历史。林间穿梭着许多小松鼠、火鸡，一点不怕人。校园南边是比较有名的绿铜色南门，嵌有星星标识，意即伯克利的校训"Let There Be Light"。南门广场上经常会有一些活动，各大社团招新、学生们的即兴表演，有时还有一些集会、演讲。南门广场还架有一台钢琴，时不时有路人即兴弹上一曲，或坐着

---

* 作者为天津大学法学院讲师。

或站着。当年的"言论自由运动"（Free Speech Movement）便由伯克利发起，影响深远，伯克利也由此成为美国最自由、包容、开放的大学之一。

校园生活

伯克利八月份就开学了。此间各学院都会陆续举行说明会（Orientation），对课程或是项目进行讲解介绍。我所在的法学院课程非常紧张，周一到周五，学院满是忙碌的学生。每间教室前都有电子显示屏，列出今天该教室的课程安排。伯克利有个线上学习系统"b-course"，老师会提前把选课学生加入系统，课程大纲、课件、阅读材料、作业、往届期末考试题等都会放在 b-course 上，方便学生下载学习；有时课堂上来不及讲解的知识，老师也会录好视频资料上传至 b-course 中。学校要求老师每周都要有固定的面谈时间，用来与学生面对面交流、答疑解惑。

课余时间，图书馆是最好的学习去处。伯克利的图书馆非常多，据说有二十五座。位于钟楼旁的是主图书馆"Doe Library"，中间的大阅读室（Reading Room）有雕花的屋顶、古朴的木质桌椅，令人叹为观止。Doe 图书馆周围还环绕着其他大大小小的图书馆。其中，东亚图书馆装修设计颇有东方古典风情，有非常丰富的中、日、韩的图书资料，甚至地方县志、四库全书等均可见到。自然历史博物馆亦是远近闻名，主要得益于馆内的一副大恐龙骨架，还有其他各种

Doe 图书馆

生物标本。莫菲特图书馆是人气很旺的一座图书馆，座位设计为现代化随性风格，特别是有几个正对大落地窗的单人沙发，如果愿意可以在那里躺上一天。莫菲特图书馆有一层可以自由说话讨论，最受本科生欢迎。莫菲特图书馆旁边的"自由言论咖啡馆"也是学生们的聚集地，那里有一大片室外花园座位，每天都有小松鼠来讨吃的。美国人对咖啡馆真是情有独钟，尤其喜欢在咖啡馆学习看书，法学院附近的一家咖啡馆，每晚都是灯火通明营业到凌晨。我最常去的是法学院图书馆，地下有两层，地上还有一层大阅读室，落地的大玻璃窗上洒满了阳光。图书馆平常都开放到夜里12点，在那里可以看到很多挑灯夜读的同学。

伯克利的法学排名一直很靠前，理工科更是强项。可能是受硅谷就业环境影响，数据科学、计算机科学、生物工程、电气工程等都是热门专业。本科生的学业压力非常大，不少学生本科阶段会修两个专业。每学期有期中、期末两次大考，伯克利期末考试难度排全美第一，学生们叫苦不迭！

课堂体验

访问学者在学术研究之余，可以旁听一些课程。我选了证据法学、美国法基础、隐私法等课程。正当我对课堂满心期待时，却被"天价"教科书吓了一跳。美国的法学教科书动辄好几百刀，即便是租书、买二手书亦是便宜不了多少。比价格更可怕的是教科书的厚度，基本都是一千页以上，平时的阅读量亦是非常大。老师在开学伊始会发放教学大纲，分配好每节课要阅读的内容，精确到页。基本每个课时都要提前阅读20—50页左右的材料，一门课一周上两到三个学时，几门课算起来每周至少有100页阅读量。对于母语非英文的学生来说已经非常吃力了。美国是案例法体系，教科书的每个知识点下悉数列出经典案例，通过案例来展现规则的应用及演化。

上课时，每位学生都有桌签放在面前，方便老师记住名字。一般每节课老师都会提问，还经常安排小组讨论。有些老师还会在黑板上写上被提问的学生名字，意味着这几位"中标"的同学需要站起来回答问题。课堂氛围紧张而活泼,老师只要一讲话,底下一片记笔记的键盘声;同学们发言也非常踊跃,不懂的随时举手问。授课方式以案例教学法为主。例如美国法基础这门课程,每节课都以美国历史上的经典案例去阐释一个主题。不同于我们以法条为中心的教学方法,这边的老师特别强调每个案件的说理过程,强调法律思维的训练。

证据法是我修的第一门课程。因为自己在国内的专业是证据法,于是便毫不犹豫选了这门课。后来才知道证据法是令人"闻风丧胆"的一门课,很多同学上了几节后就退了。因为美国联邦证据规则太复杂,特别是令人头疼的传闻证据规则和它的例外规则,以及例外规则的例外规则。课上不仅学联邦证据规则,还要学加州证据规则。好在我们的证据法老师是人气超高的 Andrea Roth 教授,她以联邦证据规则为主体,对复杂的证据规则进行清晰的梳理、讲解,同时配有诸多案例。清晰的讲课思路也得益于她多年的司法实务经验。事实上,美国法学院的老师们大都有法官、检察官、律师等多年的实务经验。

隐私法也是法学院的"明星级"课程。主讲老师是 Paul Schwartz 教授,他很有学院派气质,精通美国和欧洲的隐私保护体系,著作等身。他还经常邀请一些嘉宾来到隐私法课堂,例如北京大学张平教授就来讲授过中国个人信息保护方面的立法,还有一些科技公司的法务专家讲过欧盟的《通用数据保护条例》(GDPR)、《加州消费者隐私保护法案》(CCPA)对公司业务的影响等。隐私法课每周还会搞一次小型的课堂抽奖,中奖的同学奖励一张经典 CD。想必 Schwartz 教授本身也是资深级音乐发烧友吧!听说法学院不少教授身怀绝技,例如 IP 领域的 Houweling 教授竟然是专业的竞技单车运动员,并曾在 2015 年打破世界纪录!很难想象她是如何在两个领域都做到顶尖水平的。

除了基础课程外,伯克利法学院还有十多个研究中心,每个中心下面还细分小的研究方向。例如法律与科技研究中心(Berkeley Center for Law and Technology,简称 BCLT)下面设有知识产权、隐私保护、网络安全、生物科技、娱乐法等协会。我加入了 BCLT 下的女性科技协会,每周都会收到协会的邮件,列出近期活动、实习等信息,每两周还会参加一次组员例会。协会经常邀请一些成功的女律师、法务来交流经验,有时还安排大家去附近的科技公司、律所参观。

各中心每周都会安排 1—2 次公开讲座，邀请一些硅谷科技公司，如 Facebook、Uber、Google 等的法务人员来分享经验。为了不占用上课时间，讲座大多安排在中午，并且都会提供午餐。每天中午大概都塞满了十多个讲座。从主题来看，社会公平正义、人权保障、新兴科技等主题比较受关注。有时热点事件也会有系列的讲座。记得 2018 年 11 月左右，当时美国总统特朗普提名卡瓦诺（Brett Michael Kavanaugh）大法官事件持续发酵，在美国引起了极大的争议。法学院组织了多起讲座"发声"，很多学生、老师乃至市民都参与其中。我们访问学者也有系列讲座，定期有国际学者就其研究主题进行演讲。学者们一般都会从比较法的角度，将自己国家的相关问题与美国进行比较。我也担任了一期演讲嘉宾，主题是探讨中美科技司法的发展及其差异，反响较好，本人也受益匪浅。

学校范围也会有一些开放的讲座，例如数据中心（Data-Lab）一直有 Python、R 语言、Stata 等关于数据分析的定期滚动培训，免费向全校师生开放。音乐学院每周三中午都有午间音乐会，2018 年 10 月中国歌手谭晶也曾来此演出过。时间充裕的时候，我们也会去邻近的旧金山市区、硅谷或者斯坦福大学参加一些学术活动。

课余活动

美国学生的课余生活很丰富，包括登山、旅游、聚会、健身等。其中运动占了很大比重。健身房一般从早上一直开到凌晨，很多学生晚自习后还要去锻炼 1—2 个小时。伯克利校园内有三个健身房，开设有游泳、核心力量、舞蹈、瑜伽、普拉提等各类健身课程。网球、冰球、游泳、橄榄球等在当地都是非常受欢迎的体育项目。2016 年，伯克利曾派出 15 名学生征战里约奥运会。学校还有各种运动协会，我加入了学校的滑冰队，不过不是全日制学生不能参加美国的竞赛。以滑冰为例，全美每年都会有大学生花样滑冰联赛，实行以学校为单位的赛制，最后选拔十支队伍进入全国赛。伯克利滑冰队实力很强，每年都能滑进全国赛，2019 年获得全国第五的成绩。队里的滑冰选手都是全日制学生，他们大多从小训练，有着多年的滑冰基础。大部分队员会每天利用清晨或课余时间练习1—2个小时，再回到学校继续上课学习，紧张、充实而快乐！

校际橄榄球赛更是激烈。特别是一年一度的伯克利和斯坦福对决的橄榄球比赛"Big Game"。该项比赛始于1892年，两个学校的"爱恨情仇"在比赛中展现得淋漓尽致。Big Game每年都搞得声势浩大，提前一周便开始各种预热活动。伯克利会在比赛周举行游行和乐队、啦啦队表演，校园里到处是代表伯克利的蓝黄色装饰和鼓舞士气的标语。比赛当天更是人山人海，附近的居民也会来助威加油。尽管如此，大部分比赛伯克利还是输了。

写在结尾

一年的访学生活转瞬即逝。至今仍清晰记得刚开学时，老师推荐我们观看有关美国最高法院金斯伯格（Ruth Bader Ginsburg）大法官的纪录片，宛若又接受了一次法学启蒙教育。一位女性凭手中的法律武器，几乎改写了整个美国女性的历史，同工同酬、投票权、生育自主权……在她身上，可以看到女性的独立、坚毅，更可以感受到美国的法律精神——"自由精神深深地影响着美国的宪法，而这必须成为这个伟大国家人民心中最重要的精神。在这个国家，最弱小和最强大群体的心声和愿望都会得到倾听、给予考量"。

从汉武帝的"告缗"制度说起

胡建淼[*]

有人说，我们现在的举报奖励制度，是从汉武帝时期的"告缗"制度演变过来的，几千年了，经久耐用。对此观点，我不敢苟同。但在中国漫长的封建社会中，汉武帝时期的"告缗"，作为一种"告密"制度确实独树一帜，独领风骚。

汉武帝刘彻（前156年—前87年），是中国历史上杰出的政治家和战略家，以"征伐""开边"成就而誉名的封建帝王。他开拓了汉朝最大版图，功业辉煌。特别是针对北部匈奴的长期侵扰，他以非凡胆识和智慧，发动了对匈奴长达40余年的征战，最终击垮了匈奴，但同时导致国库虚空。为了解决财政困境，汉武帝不断新设税目，连连增税。元狩四年（前119年），汉武帝又向全国开征一种新型的财产税——"算缗"。"算缗"是当时的货币单位：一"算"相当于当时的120个铜板；一"缗"相当于1000个铜板。这种税赋的征收范围非常广泛，包括土地、房子、车马等，连你拥有牲畜、奴婢也必须缴税。如果是商人，不管是干实业的（包括自产自销），还是搞金融的（包括放高利贷），也必须缴"算缗"税。程序是：要求纳税人先向官府如实呈报财产，经官府验收后，按税率征收。税率是：商人财产每2000钱征一算（120钱），手工业者财产每4000钱征一算。同时，又向高利贷者开征利息税——"贳（赊）贷税"，按其本金，每2000钱征税一算。如此高额的税收，迫使许多人隐匿财产，瞒报少报家产，否则很难经营，甚至难以生存。为此，汉武帝于元鼎三年（前114年）颁布"告缗令"。所谓告缗，即

---

* 作者为中共中央党校（国家行政学院）政治和法律教研部一级教授。

发动天下平民告发偷税漏税者，以其偷漏金额之一半奖励举报人，另一半收缴国库；错告诬告概不追责。告缗令一实施，有利无责的告缗顿时盛行全国。这一举措几乎使所有的贪利者红了眼，巨额的奖励刺激了民众对隐匿财产者进行告密的积极性，告密者络绎于途。其中很大一部分人是觊觎他人财产，借机诬告。当时，社会上的有钱人几乎全部被举报了。在皇帝的支持下，全国人民一起仇富，剥夺富人的财产。这些财产国家一半个人一半，成为国家和小人的生财之道。"告缗"制度极有成效：国家"得民财物以亿计，奴婢以千万数，田大县数百顷，小县百余顷，宅亦如之"。但同时带来的社会恶果是：对富人"杀鸡取卵，竭泽而渔"，商贸业陷入破产泥沼；比这更可怕的是，告缗使民风败恶，诚信沦丧，百姓风行给政府打小报告，做政府的密探，人与人之间，视同人与狼的关系……汉武帝的政权从此走向了衰落。

如果说汉武帝刘彻的"告缗"还仅仅针对偷税、漏税领域的举报（告密）而已，到了武则天时期，就演化成适用于所有领域，旨在及时清除政敌、巩固自己的统治的告密制度。垂拱二年（公元 686 年），后来篡唐立周的女皇武则天为挟制君臣，威服天下，竟然动用国家机器公然鼓励告密。她在朝堂设置铜匦，搜罗有关告密信息。朝廷专人管理铜匦，每天傍晚把当日的投书进呈武则天。武则天不许任何人阻挠告密。外地来京告密的，由官府提供驿马，沿途享受五品官的伙食待遇。如所告之事属实，就能破格提拔，授予官职；即便举报不实，也不予追究。顿时社会告密之风盛行，冤狱遍普中国，使全国上下处于一片恐怖之中。特别是大臣们谁也不知道何时大祸临头，每次上朝时，都要与家人诀别说："上朝就像永别，不知还有无见面机会。"

告密制度到了朱元璋时期更加成熟，也更加恐惧。锦衣卫、东西厂、镇抚司，这些组织严密、体系完备的特务机构都是空前绝后的专政机器，专司监视和告密之职。这些特务机构经常"遣逻卒刺事四方"，鹰犬们随时可以将刺探的消息上报皇上或厂卫，使人人都被置于危险的境地之中。其中，大臣们更是成为监视的对象。明朝的开国重臣宋濂，秉性老实忠厚，年纪虽老，但办事得力，深得皇帝满意。传说有一天下朝回家，大概因为总是早起上朝，加上年纪大了，体力有些不支，过于劳累，便顺口赋诗一首："四鼓咚咚起着衣，午门朝见尚嫌迟。何时遂得田园乐，睡到人间饭熟时。"第二天上朝，朱元璋一见宋濂便说：昨天作得好诗！可是我并没有嫌你迟呀，还是改成"忧"吧。吓得宋濂赶忙拜倒谢罪。当朝宰相只不过在自己家中偶尔感叹一下，没想到第二天就传到了皇帝的耳朵里，可见锦衣卫监视之广，势力之大。

其实，不仅在西汉的刘彻、唐朝的武则天、明朝的朱元璋时期，整个封建社会都充斥着"告密"。在中国历史上，告密文化"古已有之"。据《辞源》释义，"告密"是指告发人的秘密。"告密"制度至少不晚于殷商时期。在大约3100年前的"西伯事件"中，周文王姬昌曾成为告密的牺牲品。后来的周厉王，为了"防民之口"，竟然找了一个卫巫，专司告密之职。只要谁被发现对国王有不满之语，被密报王室后，立刻人头落地。

"告密"制度从自在到自为，从官方默认上升到法律要求的转折，在战国时期的秦国就已完成。其始作俑者是届时的"变法家"商鞅，他把民众告密作为必须履行的法律责任。周显王十年（公元前359年），变法令下，"令民为什伍而相收司、连坐，告奸者与斩敌首同赏，不告奸者与降敌同罚"。将法律与军事视为一体，把告密与作战同等看待，告密等同于杀敌，不告密视为降敌，这大约是中国历史上最为严厉的告密法律了。这样的法令，将告密与连坐捆绑执行，剥夺了任何人独善其身的生存空间。利用国家法律激发、调动、强迫释放人性深处邪恶、阴暗的成分，作为控制民众、服务政治的手段，可谓前无古人。通过这样的变法，秦国虽然当时国富民强，天下无敌，甚至在秦始皇手里，席卷六合，一统天下，然而，不仅这个政权国祚不长，二世而亡，而且此恶法的制定者——商鞅在逃亡期间，因被他人告密，最终被秦人车裂夷族，诚可谓"搬起石头砸了自己的脚"。

其实，除了上述年代，几乎所有的封建朝代皆有"告密"制度和"告密"事件。难怪刘亚洲将军说过："中国是告密成风之国。"这自然是针对封建社会而言的。封建统治者为什么热衷于建立和推行普遍的告密制度？原因很简单：告密会造成官员之间、百姓之间，以及官员与百姓之间关系的高度紧张，这恰恰有利于封建君王的统治；告密会让封建君王随时掌握手下人的"把柄",从而把控住大臣和百姓。

社会主义国家彻底废除了封建时代的"告密"制度,但同时确立公民对于违法违纪等不法行为举报的权利。我国《宪法》第41条第1款规定:"中华人民共和国公民对于任何国家机关和国家工作人员,有提出批评和建议的权利;对于任何国家机关和国家工作人员的违法失职行为,有向有关国家机关提出申诉、控告或者检举的权利,但是不得捏造或者歪曲事实进行诬告陷害。"我国宪法一方面赋予和保障公民的"检举"权利,另一方面又规定举报者"不得捏造或者歪曲事实进行诬告陷害"。这正是对检举权利与检举责任的平衡,乃是成功的立法范例。

公民的"检举"(举报)权利,属于人民群众维护自身权利、监督国家机关及其工作人员善政的有效方式和途径;但如果举报权滥用,又可能导致变相的"告密"制度。难怪有位专家指出:"举报与告密只有一步之遥。"所以,必须把握好"度",平衡好两者的关系。不能把握好"举报"与"告密"的分界,必然会导致小人得志图私利,好人受挫,人人自危,人将不人导致国将不国。即便在社会主义国家,这方面也有过深刻教训。

据说在20世纪30年代中期的苏联,铺天盖地而来的政治大清洗运动,曾使告密成风。《真理报》和《消息报》几乎天天鼓励人们去寻找和揭发"人民敌人"和"暗害者",几万、几十万、几百万普通的真诚善良的人们染上了"间谍狂症",时时刻刻把他人想象成"间谍"。在那个时代,苏联的每个家庭门口都设有一个"举报箱",因邻居矛盾互告邻居"反党"和"间谍"者比比皆是。人人都可以告人,导致了人人都可能被人告。

"文革"期间也是中国告密盛行的时期。这个时期的告密特点,主要是针对人们的"思想言论"。不仅通过大鸣大放大字报公开地揭露一切"反党言论",同时更是通过秘密举报来检举"反党分子"和"反党言论"。人们在日常发一点牢骚,表现对某些干部恶劣作风的不满,或对违反常情的政治举措表示不同意见,哪怕只言片语,概被视为"反动言论"。有不少人就因"反动言论"被打成"现行反革命"而挨斗、被捕乃至坐牢。"文革"的狂热所激发的"无产阶级情感"代替了人与人之间的一切关系，告密从举报一般人到举报同事、举报朋友、举报师长，再到举报配偶、举报父母……社会伦理彻底崩溃。

中国特色社会主义已进入新时代，全国上下正在习近平新时代中国特色社会主义思想指引下，全面推进依法治国，走向法治国家、法治政府、法治社会。在这样的背景下，我们对于公民举报问题，要吸取历史教训，谨慎把握好权利与责任的关系。

现在要注意的苗头是，在个别地方，鼓励举报、有奖举报有过度放大趋势：对违章停车者鼓励全民举报，罚款后返奖励款每次 20 元；对公共场所抽烟，对不文明游客，对驾车闯红灯者，对不走斑马线行人……都鼓励群众举报，甚至还有奖励！近一两年出台的各领域管理文件，动辄写上"举报与奖励"的章节和条文……

鼓励"全民检举""有偿举报"，发动全社会民众揭发揭露举报违法违纪行为，有利也有弊。利处在于：第一有助于反腐倡廉。我们以前也反"公车私用"。为什么以前反不住现在反住了？就是得益于群众的监督。你的公车只要一停在 KTV 门口、酒店门口、洗脚店门口……老百姓用手机拍个照，马上上网，然后有关组织动真格，处分你……这不就管住了?! 现在老百姓人人有个麦克风，人人有个录音机，人人有个摄像机，要监督你还不容易？第二有助于破案。有的刑事案件，线索不够，破不了。发动人民群众提供线索，有偿举报，案子就破了。特别是在反恐中，发动群众举报、有偿举报，更有作用了。但它同时也有不利的一面。发动"全民举报"过度，就会诱发人对人告状的风气，造成人与人之间关系的高度紧张。以前所说的"八分邮票查一生"（写一封匿名信，只需贴一张八分钱的邮票，被举报者就会被查一辈子）现象又有反弹。据说某个只有200多人的单位，在某项活动中，短短的一周内，收到举报信300多封，人均一封半……最后导致中午在单位食堂吃饭，人与人之间不敢说话。

我们不要把"全民检举""有偿举报"过度推广，要将它重点用于反恐、反间谍、刑事案件的侦破。另外，我们不能一手软一手硬，要做到两手都要硬，既要尊重和保护公民的检举权，又要严厉追查和惩罚诬告者。正如学者郑永年所说："如果对所有举报者，只有奖励而没有惩罚，就会演成'文化大革命'期间的'互斗'情形，影响整个体制的运作。"我们现在的问题不是"只有奖励而没有惩罚"，而是对举报者"奖励有余"，但对诬告者"惩罚不足"；对小人放任有余，对好人保护不足。

1950—1952 年苏联专家对人大法律系的帮助与贡献

姜 翰*

　　中国人民大学法律系创建于 1950 年，是当时全国仅有的少数法律院系之一，承担了为新中国培养输送法律人才的重大任务，被视为新中国新型法学教育和法学研究的"工作母机"。而建校初期，中国人民大学即确定了"教学与实际联系，苏联经验与中国情况相结合"的教育方针，集中了全国高教领域数量最多、层次最高的一批苏联专家。1950年，中国人民大学 233 名教师中就有 36 名苏联专家。可以说，苏联专家为中国人民大学法律系的创建与运转呕心沥血，作出了重大的贡献，尽管先后参与法律系工作的苏联专家情况各异，但专家们的国际主义精神、辛勤忘我的劳动、耐心不倦的教育、无私的帮助，对教学工作的各方面所起的巨大作用都是一致的，所以许多中国教员同志们说"专家一来，什么都有"，这确是事实。依托于笔者目前参与的中国人民大学法学院档案整理项目，本文拟对苏联专家当时的帮助与贡献进行回顾，也进一步激励中国法学人不忘初心，砥砺前行。

　　无可讳言，中国人民大学法律系初创时期，情况尤为艰难。以刑法教研室为例，1950 年 8 月 15 日，距离开学仅有十几天的时间，教员尚在东拼西凑未调齐中，教员没有业务知识与教学经验，没有一本教材，但是必须要在 9 月 1 日准时开课。此时，苏联专家的到来，无异于雪中送炭，他们所给予的帮助贯穿到教研室工作的方方面面。正如有的教员所说，"专家在教研室工作指导上，样样都起了决定性的作用"。统观中国

---

*　作者为中国人民大学法学院法律史专业博士研究生。

人民大学法律系初创时期，苏联专家的帮助与贡献主要体现在以下几个方面。

一、教学工作方面

首先，苏联专家极其重视教员的培养工作，因为教员是进行教学工作的基础，也是教学质量的保证。开学初期，法律系教员对教学是陌生的，缺乏业务知识和教学经验，感到困难重重，教员们认为"我们什么也不懂，如何能上台做先生"。苏联专家则常常鼓励教员们"要学游泳就得下水"，采取直接讲授、专业辅导以及专题讨论等方式培养教员。克拉萨夫契可夫专家曾先后讲授三门专业课，其讲稿成为教员讲课的基础，教员反映没专家讲课我们就不好开课。国家法专家沃也沃金和科托夫同志前后辅导过八门课程，对教员深入消化理解业务起了巨大作用。民法教研室专家还曾领导教员讨论过"结婚是否是法律行为"一题，会上专家作了总结。这种方式，不但在培养教员独立思考问题能力、诱发科学研究兴趣上起了很大作用，而且对提高业务水平也有非常良好的效果。

与此同时，为提高教学效果，苏联专家对教员的教学经验以及教学方法也给予了指导和帮助。一方面，苏联专家系统完整地将自己的教学经验与教学方法传授给教员，并且根据教员的讲课情况在教学过程中不断地鼓励教员，指出信心就是力

苏联专家在讲课

量，告诉教员讲课要有信心。讲课内容要注意到政治思想性、科学性和战斗性，要做马列主义的宣传者。另一方面，苏联专家还就如何进行课程讲授、如何领导课堂讨论、如何进行辅导及考试测验、如何搜集资料等问题，进行了详尽的指导与帮助。不夸张地说，教学工作中的每一个

环节都有专家的身影。苏联专家不仅给教员作报告并且亲自参加预讲、旁听，提出讲课中的缺点以及改正方法，甚至连教员的讲课态度、讲课语言，以及如何建立学生对教员讲课的信心，如何吸引学生对讲课的重视，如何抓住讲课的重点，如何制作考签，如何领导考试等很细致具体的问题，都进行了具体的指导。在此基础上，教员的业务能力得到了极大的提高，绝大多数教员初步掌握了业务，有的还掌握了两门业务课，正如贝斯特洛娃专家所说，"困难是有的，而且是严重的，但是没有不可克服的困难"。

其次，苏联专家非常重视研究生的培养工作。正如沃也沃金专家所言，"今天的研究生就是明天的教员"。与培养教员一样，苏联专家也下了很大的功夫培养研究生，不但亲自给研究生讲授了全部业务课，而且帮助研究生练习课程讲授、讲义及论文写作、课堂讨论等。沃也沃金专家还指导教研室确立了对研究生学习指导的教员分工负责制，每个教员负责指导一个研究生。贝斯特洛娃专家经常找研究生个别谈话、辅导，了解研究生的学习情况，检查他们的笔记，了解他们怎样记笔记，教给他们如何记最好，从头开始就按照对教员一样的要求来培养研究生，要求研究生不仅掌握所学业务，而且要熟悉有关各方面的教学工作。同时，她还全程参加指导研究生的学习、课堂讨论过程，研究生们感动地说："专家好像妈妈关心自己的儿女一样。"正是在苏联专家的不懈努力之下，毕业研究生绝大部分能够顺利完成所担任的教学任务，有的能担任主讲。

二、科学研究及行政工作方面

科学研究方面，苏联专家特别强调教员与研究生要从事科学研究工作。谢米里亨专家常说："科学研究工作，不但可提高教员的教学质量，培养研究能力，并且可使教学内容不断丰富。"沃也沃金专家特别指出，写科研论文是提高教员水平的重要方法之一，也是理论联系实际的重要方法之一。苏联专家不仅亲自指导确定论文题目，帮助各教研室拟定论文大纲，而且在论文的材料收集、写作问题以及论文完成后的讨论等各个环节，都会给予具体的指导。瓦里哈米托夫专家鼓励缺乏科学研究工作经验的教员、研究生说，"应该勇敢，如果害怕不敢写，就永远也写不成，应该在写的过程中学习和提高"。虽然教员完成的论文在质量方面还有较大的提高空间，但是对教员理论水平的提高起了重要的作用，同时也丰富了教学内容，增强了教学效果。

此外，苏联专家对于法律系的资料室工作也十分重视。克拉萨夫契可夫专家指出，"科学研究工作，资料就好像空气一样"。他教育每个教员要有自己的科学研究资料的卡片。沃也沃金专家还给资料员作过报告，介绍莫斯科大学的经验、方法，介绍资料室如何布置以吸引大家来阅读资料。

行政工作方面，苏联专家帮助法律系建立了科学的工作制度。一方面，指导制订出了全年的计划以及各教研室的职责、任务与日程安排。尤其是苏联专家在教学工作伊始就制订了具体的教学计划，明确了教学进度以及时间分配，初步建立了基本的教学制度，使得教学工作得以顺利开展。另一方面，在组织和领导教研室工作等问题上进行了具体的指导，协助各教研室发挥集体主义精神，努力完成既定计划并进行工作经验的总结，其中贝斯特洛娃专家还帮助建立了档案制度。以上的一系列努力，使得法律系的行政工作得以顺利有序地进行，保证了教学工作的开展和拟定任务的完成。

三、思想教育方面

苏联专家不仅在教学工作、科学研究及行政工作方面给予法律系帮助和指导，而且十分注重对教员和研究生的思想教育工作，并以自身的实际行动激励教员和研究生担负工作学习的任务。首先，苏联专家的爱国主义、国际主义精神极大鼓舞了法律系教员和研究生。沃也沃金专家说，"研究中国的东西是爱国主义的行动"，"不懂中国的东西犹如房子主人不熟悉自己的房子一样"，"不研究祖国的东西是道德上的犯罪"。苏联专家强调要理论与实际相结合，教育大家学习马列主义毛泽东思想，特别强调指出学习毛泽东思想的重大意义，同时也帮助教员和研究生进行批评与自我批评工作，指出"不能自满，看不见工作缺点就不能前进"。其次，苏联专家认真负责、热情忘我的劳动态度，为教员和研究生树立了榜样。贝斯特洛娃专家为了教员和研究生能学习到更多的东西，早上八点开始工作，到晚上七八点才走，有时带些面包来当中饭吃，有时下午二点回去，三点又来，她脚冻坏了不便行动，还是一拐一拐地遵守办公时间来工作。她经常血压高，头晕不舒服也不休息，有时一句话要说三四遍大家才懂，也从不曾表示不耐烦，对教员和研究生讲课直到大家都懂才止。可以说，苏联专家忘我辛勤的劳动、克服困难的创造性精神和严守纪律、坚持制度、实事求是、虚心客观的科学态度，以及生活上的简朴等各方面都成为教员和研究生学习的榜样，这种言行一致的感召力量对教员和研究生的思想影响和作用之大是难以估量的。

中国人民大学法律系初创时期，苏联专家的帮助与贡献并非仅仅局限于以上各方面。在先后八位苏联专家（他们是刑法教研室专家贝斯特洛娃、达玛亨，民法教研室专家雅依契可夫、克拉萨夫契可夫，国家法权理论教研室专家谢米里亨，国家法权历史教研室专家瓦里哈米托夫、沃也沃金、科托夫）的指导与帮助下，法律系各方面工作均取得了相当大的成绩，为法律系接下来的发展壮大打下了坚实的基础。苏联专家的帮助和贡献值得我们永远铭记。

人工智能技术与法学慕课

王　竹[*]

　　慕课（MOOC），即大规模开放在线课程（Massive Open Online Course），是新近涌现出来的一种在线课程，属于"互联网＋教育"的产物。从 2014 年"侵权责任法"作为第一门法学类课程登陆"中国大学 MOOC"平台以来，四川大学法学慕课教学团队已经连续五年运行民法学慕课群，横跨"中国大学 MOOC"和"智慧树 WEMOOC"两个平台，从"侵权法"课程群发展到"马工程"（马克思主义理论研究和建设工程）《民法学》教材配套慕课群，包括本科和研究生两个慕课教学层次，同时向超过 200 所国内高校进行直播，并制作"双语字幕版"侵权法课程用于"中国—南亚法律人才研修班"对外教学授课，国内外总选修人数超过 20 万人次。"侵权责任法"入选 2017 年"首批国家精品在线开放课程"，上线"学习强国"慕课栏目并获得首页推荐，宣传片被中央电视台"法治中国"纪录片选作素材，在全国法学界引起了广泛关注。

　　五年来的制作与运行中，法学慕课教学团队积累了大量的经验与教训，并形成了对法学慕课教学的深入思考，结集出版了《慕课的制作与运行指南》（高等教育出版社 2015 年版）。几乎是与慕课上线同时开始酝酿的智慧法治交叉学科，从小规模预研的交通事故案件智能化要素式审判系统上线，到年检索次数超过 200 万次的类案精准推荐系统，再到大规模展开的高质高效智慧审判平台构建，不但实现了文、理、工学科大交叉，更为重要的是让法律人了解了人工智能的前沿，让技术人理解

　　* 作者为四川大学法学院教授,法律大数据实验室主任。四川大学数学学院翁洋副教授为本文写作提供了全方位的技术咨询支持,特别致谢!

了法律的思维方式，提高了交叉学科的沟通效率，加深了交叉学科的融合程度。就人工智能技术在法学慕课制作中的可能运用，主要包括人工智能合成主播制作法学慕课和慕课双语字幕翻译以及英文慕课合成制作；就人工智能技术在法学慕课运行中的可能运用，主要包括 BBS 智能助教和反作弊预警两个方面。

一、人工智能合成主播

2018 年 11 月 7 日，新华社联合搜狗公司在第五届世界互联网大会上发布全球首个合成新闻"AI 合成主播"，人工智能合成主播开始走入人们的视野。2019 年 3 月 3 日，新华社联合搜狗公司又发布了全新升级的站立式 AI 合成主播，并推出全球首个 AI 合成女主播"新小萌"。从技术成熟度来评估，利用人工智能合成主播制作慕课的技术已经基本具备。在法学慕课制作领域，相关技术的主要研究方向是，如何将人工智能合成主播技术与法学慕课制作的教学需求结合起来。

（一）利用现有慕课录像作为训练数据集形成慕课教师授课语音特征库

四川大学法学慕课教学团队的"侵权法"慕课已经经历了从 1.0 到 3.0 三个版本，例如笔者拍摄的"民法学"慕课群和"侵权责任法疑难问题专题研究"慕课，总时长超过 5000 分钟。这样的时长已经可以作为深度学习的训练数据集，形成笔者独特的授课语音特征库。

（二）利用人工智能技术将授课教师的语音特征嵌入合成语音中

在民法典编纂完成之后，笔者将依据"马工程"《民法学》教材，制作全套的"马工程"《民法学》教材配套慕课教案，在此基础上形成授课的字幕文件。与传统慕课制作先授课，后制作字幕，然后制作时间轴的顺序不同，合成语音是先制作字幕，然后利用人工智能技术将授课教师的语音特征嵌入合成语音中，包括语速、语调、语气等，这样也就省去了时间轴的制作。

（三）利用人工智能技术合成教师形象主播并实现慕课智能更新

为了让合成语音与授课教师的口型能够对应，还需要同时利用人工智能技术合成教师形象主播。慕课不同于新闻，还需要配合后期剪辑制作，包括动画和部分课件内容在慕课录像中的综合展示，这对于法学类慕课的法律条文和定义等内容尤其重要。需要指出的是，我国现行法律体系已经进入修改频繁期，每次法律的修改和新的法律、司法解释的出台，都需要相应地修改慕课。而利用人工智能合成制作慕课，可以使法学慕课的更新更为及时、便利，更新后的慕课也浑然一体，学员体验更为顺畅。

二、法律人工智能翻译

2019 年 4 月 12 日，一场法律翻译人机对抗赛在北京大学法学院凯原楼举行。比赛的最后结果为：由一位在校生与"秘塔 MT"组成的"人机联队"战胜人类选拔赛前三名组成的"精英联队"。在速度和正确率两方面，AI 均获得胜利。机器翻译在中文法律语境下的进步，为利用人工智能技术进行慕课双语字幕翻译奠定了技术基础。在慕课制作领域，相关技术的主要研究方向是，如何将字幕翻译的技巧与法律英语翻译的技术结合起来。

（一）利用"侵权法教材"中英文对照书稿作为细分专业语料库

尽管已经拥有了一定精确度的法律人工智能翻译模型，但侵权法作为民法的分支，仍然需要用该专业领域的语料库进行针对性的训练，这样才能更好地胜任侵权法字幕的翻译工作。杨立新教授所著《侵权责任法》已经在欧洲出版，笔者主持翻译的《美国侵权法：实体与程序》（第七版）已经在北京大学出版社出版，这些中英文对照的翻译文本可以作为语料库对模型进行针对性训练。初步的实验表明，"秘塔 MT"对已经断句的中文字幕可以进行较好的对应性翻译。

（二）利用"侵权法"中英文对照字幕训练翻译软件的"断句"模型

英文字幕翻译的疑难问题在于，中英文语序有所不同，因此如果直接进行中文字幕的对应性翻译，尽管每段字幕可以实现对应性翻译，但打断了中文字幕原有的整句含义。笔者主讲的"侵权法"有人工翻译的"双语"字幕，下一步需要尝试利用该中英对照字幕训练"断句"模型，以确保英文字幕的断句的相对合理性。

（三）基于英文字幕的英文慕课合成制作

在利用人工智能翻译的英文字幕基础上，可以再利用前文提到的人工智能合成主播制作英文版的法学慕课。如利用通用语音模型，可以制作以笔者为主播形象的通用语音引擎版本的英文慕课。利用笔者平时的英文授课录像、录音作为训练素材，则可能生成个性化英文合成慕课。

三、BBS 智能助教

苹果 Siri、微软 Cortana、百度度秘等人工智能助手类产品，已经能够进行限定范围的多轮对话和服务推荐，并且能够较为顺畅地与人进行交流。国家重点研发计划"公共安全风险防控与应急技术装备"重点专项（司法专题任务）指南中，就有"面向案件审判执行全流程的智能问答技术"的研究设置，将支持处理立案、审判、执行等不少于 20 类法院业务场景的问题，支持多轮交互问答，支持自定义多模式情感化问答配置。在慕课运行领域，相关技术的主要研究方向是，如何将在法律行业的多轮问答技术与慕课 BBS 回答学生提问的需求结合起来，实现 BBS 智能助教。

（一）基于慕课群 BBS 学生提问形成问题素材库

在慕课教学团队五年来 20 万人次的选修过程中，基于"马工程"《民法学》教材配套慕课群，尤其是"侵权责任法"慕课的 BBS 学生提问，形成了上万条的问题库。这些问题来自真实的学生提问，经过去重和分层整理之后，对应到慕课教案，形成了体系化的问题素材库。

（二）基于 FQA 形成疑难问题多轮问答库

慕课教学团队在每一门慕课中均配备了慕课助教，长期持续回答学生提问。对于简单问题，由助教根据自己的知识进行回答；对于复杂问题，请示慕课教师团队后回答；对于常见的问题，则形成了 FQA（frequently questions & answers）。这种积累下来的 FQA 库，结合问题素材库，形成疑难问题多轮问答库，能够较好地支撑限定课程学习内容范围内的多轮问答。

（三）根据民法典编写的民法典配套法条全书形成法律体系库并持续更新

在民法典编纂完成之后，笔者将编写民法典配套法条全书，整理民法典在现行《民法通则》和各民事单行法被废除之后，与现行行政法规、司法解释之间的关系，并持续更新，确保法律体系变更前后的法律体系库的完整，再结合问题素材库涉及的与法律相关的问题，支持法律问题相关法律规则的查找和关联法条的推荐。

四、人工智能反作弊预警

人脸识别技术在近年来已经比较成熟，商汤科技、旷视科技、云从科技等企业的产品已经广泛地在机场、高铁站安检和单位门禁等领域投入使用，走进我们的生活。相较而言，步态识别是一种新兴的生物特征识别技术，旨在通过人们走路的姿态进行身份识别。步态识别的优势在于无须识别对象主动配合参与，并且难以伪装。利用"人脸识别＋步态识别"双模式识别，可以极大地提高用户识别的精准度。而在大数据时代，用户画像技术可以将用户的具体信息抽象成标签，利用这些标签将用户形象具体化。在慕课运行领域，近年来出现的慕课作弊，包括外挂刷题、雇人代看录像、代人机考等商业化运作，在各大第三方交易平台均可找到踪迹，严重冲击慕课教学的秩序，并危及了慕课教学的推广。可以借鉴上述技术的思路，主要研究方向是利用人工智能技术反作弊预警，包括利用人脸识别，相当于慕课运行过程中"步态"的日志数据（主要是鼠标和键盘使用习惯）识别，以及学员答题画像综合确定学习主体确为注册学员本人。

（一）利用人脸识别技术确定注册学员

传统慕课平台为了吸引学员，注册方式尽量简化，一般通过邮箱、手机号或者微信即可登录。但由于商业化代看录像和代人机考的出现，确定注册学员已经成为难以避免的技术选择，具体步骤初步考虑如下：第一，在慕课注册时进行人脸识别，并确定其面部特征；第二，为避免用户体验太差，在每次学习开始时只是随机而非每次都进行人脸识别，但如果学习开始时未进行人脸识别，则学习过程中会进行随机的人脸识别抽样；第三，在期末考试机考时进行人脸识别。为避免采用照片或者视频模拟的方式蒙混过关，会随机要求人脸识别过程中学员眨眼、点头或者摇头。上述识别方式可能涉及个人隐私，可以由采用的课程选修服务协议规定，并由学员自行确定是否参与。对于不申请学分的学员，可以豁免。

（二）利用学员学习过程的日志数据辅助确定注册学员

与步态类似，每个人使用电脑的习惯不同，这尤其体现在鼠标和键盘使用习惯上。就鼠标使用习惯，首先是左撇子与右撇子不同，其次是点击速度、鼠标移动速度、右键使用习惯等有所不同。就键盘使用习惯，敲击频率、错误率（Delete 键的使用）、中文输入法选择、中文输入中空格与其他字母的间隙、拼音缩写的使用习惯等因人而异。另外，作为输入选择，鼠标和键盘部分功能具有相互替代性，例如笔者本人就极少使用鼠标，而使用快捷键组合替代。当然，鼠标和键盘使用习惯识别技术，可能因为学员使用电脑更换而差别较大，或者偶然因为身体暂时的不适而有所差别，所以主要用于辅助人脸识别技术确定学习主体为注册学员本人。

（三）利用学员答题画像辅助确定注册学员

如果要进行学员答题画像，那么在题库设计上，对于每个知识点，都要在弹题题库、章节测试题库和期末考试客观题题库中予以对应。当然，从题目数量来讲，弹题最多，章节测试次之；期末考试客观题数量虽然不少，但抽题之后，受试卷容量限制数量较少。在上述题库的设计基础上，根据数量最多的弹题，可以进行学员答题画像，包括掌握的知识点、准确率、难易知识的接收程度等，再与章节测试、期末考试客观试题的作答情况进行对比，以判断是否为同一人。该技术受制于弹题、章节测试和期末考试客观试题的数量，主要是辅助人脸识别技术确定注册学员。

在"人命关天"与"狗命关天"之间

史玉成[*]

首先申明,我不是标题党。写下这个题目,是因为,有关动物权利的话题始终是一个颇具争议的话题;作为环境保护法的研习者,这更是一个无可回避的话题。经年以来,一系列虐待与反虐待动物事件、流浪狗伤人事件的曝光,一再刺痛公众的神经,每一次都掀起"人命关天"还是"狗命关天"的激烈争论,裹挟着道德、伦理、事实、规范的多重评判,往往形成汹涌的舆论喷发,历久而余波难息。而我本人,在经历了一次被流浪狗袭击的不幸事件之后,面对朋友王二狗、张三蛋之流的调侃与诘问,我确信,这是一个真命题。

话说一个夏日的午夜,忙完工作之后与朋友打车回家,不料在昏暗的街头遭遇一群流浪狗。大约是仗着狗多势众的缘故,狗们突然发动袭击,混战中我的小腿被撕咬,血流不止。脱险后,想起媒体报道经常有流浪狗伤人、受害者因感染狂犬病毒而不治的案例,当然后怕。毕竟人命关天,于是在朋友的陪伴下连夜去医院注射狂犬病疫苗,之后又不辞辛苦,多次去医院检查治疗,直到一年以后没有发现异常反应,才暗自庆幸大约是没有危险了。此乃后话,按下不表。

被流浪狗袭击,危及自身健康,对于主张为动物保护立法的环境法学者来说,的确是一个颇具讽刺意味的不幸事件。朋友张三蛋认为,没了疼痛,伤疤还在,潜伏风险还在,应该借此改弦易辙,主张采取包括捕杀措施在内的严格动物管理责任而不是所谓动物权利保护;王二狗则认为流浪狗咬人恰好反映了其境遇堪忧,应当给予其更多的人

---

[*] 作者为甘肃政法学院"飞天学者"特聘教授。

道关怀而不应当以非人道方式捕杀或虐待。在"人命关天"与"狗命关天"之间，应当通过何种制度措施以实现种际伦理、道义和制度上的平衡？今天，我愿意借茶座一角，表达对这一问题的看法，与朋友们共同探讨。

一、"狗命关天"：应否赋予动物以道德主体地位？

如何对待流浪狗，是人与动物之间应当确立何种关系的问题的一个缩影。为什么要保护动物？动物是否有道德主体地位抑或法律主体地位？上述设问牵涉历史、文化、哲学、宗教、伦理、法律等诸多领域，是一个数千年争论不休的议题，并不能轻易做出回答。

从生态学的角度，人与动物之间的关系为生态圈中相互依存的平等伙伴关系。但人毕竟不同于动物，自从人猿相揖别，人类以其理性思维、认知能力和实践能力，逐渐将自己置于独一无二的主体地位。古希腊哲学家柏拉图首开"主客二分"思想之先河，经过近代的伽利略、培根和笛卡尔，"主客二分"最终确立并占据统治地位。这一模式对于确立人的主体性和科技的发展，具有历史进步意义，但它忽视了包括动物在内的大自然的价值和尊严。在这种哲学观的支配下，人类不再以伙伴的身份，而是以主宰者的身份审世度物，形形色色的动物依人的标准被分成肉食动物、役使动物、有益动物、有害动物等各种类别，动物完全沦为受人类宰制的客体。

但人与动物之间的相互依存关系并不因为人类这种居高临下的傲慢姿态而归于消亡。随着人与自然对立关系的加剧以及动物处境的恶化，一系列后果开始显现：动物种群和数量减少引起生态系统的失衡，野生动物进入人类食谱引发"非典"等各种疫病的爆发，虐待动物践踏了人类社会的善良风俗……最终将不可避免地影响人类自身的生存安全，挑战人类的伦理道德底线，引起人们深深的忧虑和反思。

事实上，在人类历史的长河中，"人是万物的尺度"这一观念之外，始终存在着另一种对待动物的态度。比如，早期人类以动物图腾作为部族情感认同与精神信仰的对象；象形文字中的"家"字，是屋顶下养着的一头猪，隐喻着富足、安定，也象征着人和动物和谐相处的关系；儒家的"天人合一"观念认为，自然万物和人的生命活动是相依相成的；佛教主张"万物有灵、众生平等"的生命观，对一切生命给予尊重和敬畏；等等。上述习惯习俗、思想流派、宗教教义中隐含的动物关怀理念，为动物保护提供了可贵的思想资源。

19世纪中叶到20世纪初期，伴随着西方动物解放运动的发展，环境伦理学得以兴起和发展。环境伦理学不同于传统的人际伦理学，它把人的行为规范和道德准则从人际关系领域扩展到种际关系的领域，主张把权利和价值的概念扩大到人类以外的其他物种乃至整个自然界。换言之，人类的伦理道德不应只相对于人类而言，还应当包括对自然界的伦理道德；自然界当中存在的动物、植物及其他自然体都有其自身生存和发展的权利。发端于环境伦理学的"动物权利论"认为，同人类一样，动物也有生存和发展的权利，人类应当尊重而无权任意剥夺之，否则即违背了对自然的伦理道德。

对此，笔者的基本看法是，作为一种伦理规范抑或道德理想，动物权利论无可厚非。赋予动物以道德主体地位，承认动物的价值和尊严，从而为人类对待动物设立必要的伦理准则，借以改变动物被宰制、奴役和虐待的命运，在当下生态危机的时代，更应当得到充分彰显。问题在于，动物权利论自提出伊始，就始终伴随着自然法学和实证法学之间纠扯不清的印痕——动物权利应当是自然法意义上的道德权利还是实证法意义上的法律权利？我们赞同作为道德权利的动物权利被大力张扬，但是，动物权利果真能上升为法律上的实定权利吗？

二、"动物权利"：可否成为法律上的实定权利？

基于对传统法律观的反思，一些学者特别是环境法学者从西方环境伦理学思想资源中汲取营养，借助环境伦理学话语体系，倡导建立一种崭新的建立在生态利益中心基础上的"非人类中心主义"法律价值观，进而对传统的法律理念和法律制度进行反思与解构，试图将动物权利上升为法律上的实定权利，要求在制度层面赋予动物以法律人格。

　　"动物法律人格论"认为，动物应该具有法律上的权利主体资格，至少应当具有有限的法律人格。一个基本的论证逻辑是，法律人格的范畴的确是一个不断扩充的过程，这个过程是沿着两个方向进行的：一是在自然人范围内不断扩充。在这个过程中，尚未出世的胎儿、不具备民事行为能力的精神病人等都被赋予了有限的法律人格。二是在社会组织中不断扩充。典型的如公司等法人组织被赋予法律人格，就是一种"主体对于生命的溢出"。随着社会利益的不断更新拓展，更多的权利需要法律的保护，这就要求不断扩张权利主体，而未来将动物纳入法律人格的范畴，是符合这一发展趋势的。何况，动物作为人类的伙伴，应当平等享有在这个星球上生存和发展的基本权利。

　　这种在传统法学看来异乎寻常、极具颠覆性的理论，一度在法学界引起了一场关于动物法律地位问题前所未有的争鸣。反对者认为，主体最大的特性就是，在它与客体之间相互影响以及相互作用的情形下所表现出来的主观能动性与自主创造性，在本质上就是"理性"。动物缺乏理性和意志自由，这是一道难以逾越的鸿沟，因而其难以成为法律上的权利主体。有批评者调侃说，"从事环境和环境法研究的学者大多是些忧心忡忡的道德家"。赋予动物法律人格，至少存在以下障碍：第一，泛道德化，出现道德主体与法律主体的混淆。伦理的诉求内化为实定法上的规范，必须能够转化为可操作的法律规范，否则难以演化成为法律现实。第二，动物的法律人格终究无法摆脱人的主导作用。如果动物的法律人格得以确认，由于动物并不具有理性和自主意识，那么对动物的权利义务将不可避免需要通过人类来设定或分配。有理由相信，人类有足够的智慧来作出这种法律上的制度安排。问题是，无论构筑怎样精美的理论框架，动物权利的实现和义务的承担必须依赖人的能动作用的发挥抑或自我约束，由此，人的主导作用又必然成为中心和出发点。第三，动物法律人格在本质上动摇了建立在主体客体二元结构基础之上的现代法律体系，难以被接纳。因此，给动物赋予"法律人格"，只是一个无法实现的善良美好的愿望，一旦这个愿望变成了现实，必然是对整个传统法律体系的极限挑战。迄今为止，这样的争论仍在继续，而且注定将永远不会停止。

哈贝马斯说过："真正的法律是道德与法律的分离。"站在道德立场上，我们同意给予阿猫阿狗们兄弟般的关怀；但是，站在实定法的立场上，我们只能说：亲爱的阿猫阿狗兄弟们，想说爱你不容易！

三、为动物保护立法：实定法上的规范进路

按照国际公认标准，动物被分为农场动物、实验动物、伴侣动物、工作动物、表演动物和野生动物六类。在我国，从实定法的角度考察，现有涉及动物保护的法律主要是《野生动物保护法》，其立法目的，一是将野生动物作为生态系统中的能量流动和物质循环必不可少的链条予以保护，维护生物多样性和生态平衡；二是将野生动物作为一种"自然资源"，在保护的同时进行合理利用。针对野生动物的保护，《刑法》设置了相关罪名，如非法捕猎、杀害珍贵、濒危野生动物罪，非法收购、运输、出售珍贵濒危野生动物、珍贵濒危野生动物制品罪，非法狩猎罪，走私珍贵动物、珍贵动物制品罪等。

在现有的民事法律体系中，动物是被作为权利客体的"物"加以规范的。《侵权责任法》第十章以专章规定了"饲养动物损害责任"，其中规定：饲养的动物造成他人损害的，动物饲养人或者管理人承担无过错责任；违反管理规定，未对动物采取安全措施造成他人损害的，动物饲养人或者管理人应当承担侵权责任；禁止饲养的烈性犬等危险动物造成他人损害的，动物饲养人或者管理人应当承担侵权责任。上述规定均将动物作为饲养人或者管理人的物权客体，而没有关于动物的法律地位的规定和虐待动物的义务性规范。从《物权法》中关于动物的规定来看，动物仍然是作为物之类型的"动产"而受到物权法的规制。2018年民法典专家建议稿中，曾有关于不得虐待动物的建议条款，遗憾的是最终未被采纳。

综上，我国现行关于动物保护的立法，主要是野生动物保护立法以及民事立法中对动物作为权利客体的一般规定，对于农场动物、实验动物、伴侣动物、工作动物、表演动物，则缺乏专门的立法予以规范。近年来发生的一系列虐待动物案例，如北京动物园用硫酸伤熊事件、高跟

鞋虐杀小猫事件、家畜活体注水事件、活熊取胆事件等，每一件都会引发舆论的巨大争议，也引发对动物保护立法的呼吁。

如前所述，赋予动物以法律人格，从实定法上以权利主体的资格予以保护，面临着理论上的巨大争议和实践中的种种困境；而将动物作为权利客体的"一般物"来对待又面临保护不力之虞。那应当遵从何种路径？笔者认为，杨立新教授提出的为动物设置"特殊法律物格地位"的观点颇具借鉴意义。这一观点是对动物的"法律人格"和"一般法律物格"地位的折中调和，不失为一条有效的路径。国外在这方面已经有了大量的立法例。例如，1990 年德国修改《民法典》时，第 90a 条规定："动物不是物。它们由特别法加以保护。除另有其他规定外，对动物准用有关物的规定。"第 903 条新增规定："动物的所有权人在行使其权利时，应注意有关保护动物的特别规定。"1994 年《俄罗斯联邦民法典》第 137 条规定："对动物适用关于财产的一般规则，但以法律和其他法律文件未有不同规定为限。在行使权利时，不允许以违背人道主义的态度虐待动物。"

建议正在编纂中的民法典"物权编"中，可以考虑增加关于动物法律地位的规定："动物是有特殊保护要求的物。法律对动物有特别保护的，依照其规定。"同时，对动物保护的原则做如下规定："民事主体应当遵从善良风俗和人道观念，不得虐待动物。"动物特殊法律物格地位的确立，符合人类善良风俗观念，符合法律的正常秩序，且具有现实的可操作性。在上述规定的指引下，制定专门的《动物保护法》，对于农场动物、实验动物、伴侣动物、工作动物、表演动物等各类动物的保护作出特殊规定。

行文至此，让我们回到对待流浪狗的基本态度上：在伦理层面，给予流浪狗以道德关怀，为人类对待动物设置一个基本的道德约束和伦理底线，反对残酷对待包括流浪狗在内的所有动物；在法律层面，通过专门立法对流浪狗予以特殊保护，如建立流浪狗收容制度、流浪狗疫情监测与诊疗制度等人道主义保护措施。同时，对"狗命"的重视并不意味着对人的权利的漠视，立法要严格对流浪狗的管理，如对危及人的生命和健康的狂犬采取捕杀措施。反对以爱狗的名义行道德绑架，对违法阻拦运狗车、危害合法狗市交易等破坏社会正常秩序的行为从法律上给予否定，等等。在"人命关天"与"狗命关天"之间，在道德与法律之间，找到一个恰当的平衡，给人类和动物一个共同的未来。

鄙意如此，王二狗、张三蛋，未知尊意以为然否？

土地确权背后的"签字怪圈"

季美君[*]

　　2018 年 4 月初，嫂子来电话，说老家小溪边正在办理土地确权，后补的 811 平方米溪滩地"不能算"。嫂子多次找村干部理论，但村干部互相踢皮球。嫂子非常着急，因为镇里规定土地确权的公示时间是 2018 年 4 月 20 日，如果赶不上公示，确权就成问题了。

　　出现这一情况，让我深感惊讶。因为"后补 811 平方米"一事，我是亲历者。2013 年正月初三晚上，我陪着嫂子和弟媳妇一起去找村干部，那补地场景因时空上的特殊性，至今记忆犹新。这理所当然要补回的地，怎么就"不能算"了呢？

　　这事还得从众所周知的土地承包责任制说起。源于安徽省凤阳县小岗村的家庭联产承包责任制，当初如强劲台风猛刮过大江南北。1981 年，以种水稻为主的小溪边也开始了第一轮土地承包。

　　当时，我们家有六口人，承包的依据是所谓的"定量"。我们家以我父亲朱正溪的名义承包田地，定量是 3120，承包的田有 6 丘：高背丘（3 分 8，分给姐姐季爱芬）、双塘两丘（1 亩 4，分给父母）、十七箩（1 亩 1，分给弟弟季新明，此田靠田坎，因田坎边上的庄稼容易被牛吃，同丘平分的村民说要多给点）、小塘（8 分 8，分给哥哥季立明）、上田场（3 分 6，分给我），合计 4 亩 1 分 2。

　　田承包完后，村里又根据同样的定量分溪滩地，我们家分到两块：小的一块靠路边；大的是一大块整地，从东到西的承包人分别是元本、方梅、学钗、朱正溪。我们家的溪滩地靠西边，与二队（村民小组）的

---

　　* 作者为最高人民检察院检察理论研究所研究员。

田相邻。

2006年村里重分溪滩地时，我母亲正好在北京我家，不知此事。但母亲回到小溪边后，发现溪滩地少分了，为什么少分，少分了多少，当时均不清楚。

父母对少分的地很在意，我每次回到老家，他们都会跟我唠叨此事。开始时，我想，父母年纪大了，少分点就少分点，不正好可以少种点，少点操心少点辛苦吧，所以一直没放在心上。但唠叨多了，我逐渐明白，他们唠叨的不是溪滩地面积的多少，而是心中的那份感情——毕竟这块溪滩地，他们曾经种了20多年的橘子。这么理解后，我觉得应该帮助父母圆了这一心愿。

2013年我爸八十岁。正月初三，我们在镇上的一家饭店订了餐，为父亲祝寿。当天晚上，我陪着嫂子和弟媳妇，一起找当年的村长×××和村文书庞某，去补这块少分了的地。

补地的经过，我在当年的日记中是这样写的：

　　昨晚历经周折，总算实现了心愿，找到了村长×××和文书庞某（当时写的都是真名实姓——笔者按），而且惊讶地发现那块大地从901平方米改成了90.1平方米，找到了确凿的证据。有意思的是，发现错误后，文书说："那我现在就用笔把数字改过来。"村长说："那最好经过一套合适的程序，让大家聚在一起把事情说清楚再改过来并补回少了的地。"而我也说："这没那么着急，到时补地时一起改过来就可以了。"文书的话太让人诧异了，这么大的事情竟然拿笔改过来就可以了，原来村干部做事是这么随意的！但事后想想既然他们做事这么随意，也许我不该阻止改过来，要不然，就不知到哪天才能事成了！

　　……

　　文书，开始村长电话叫他来时，等了老半天也不见人影。没想到他会这么摆谱，我就直接打电话给他，说："老同学啊，我们有事要请你帮忙，你那么难请啊！要是实在太忙，那就改天找你吧？"过了一会儿，到9点了，他还没来，我就说："看来今晚他是躲起来了。"我话音刚落,他就到门口了,抱来一大堆原始资料的账目。打开原始的草图看了看,发现画的方形上标的是 90.1 平方米,但是原始账目上原本写的是 901 平方米,明显地在 1 前加了一个小数点,而且曾有过以 901 平方米算的补地数目为 1122 平方米(注:这是原有的 901 平方米 + 345 平方米打 9 折后的数字)。一下子,我们兴奋极了,总算找到证据了。而村长听我说这小数点明显是后加的,他过来一看说:"这本,我以前没有看到过。"总算大有收获!他们俩都说正月里没时间补,但在施希卫(同村村民)包地前一定补上。地的事基本搞定。

正月过后,村干部在柏树脚边(地方的名字,村民习惯叫法,系重分溪滩地时剩下的)上,为我们家补回了 811 平方米(901 平方米减去 90.1 平方米的数)的溪滩地。此后,我们家开始领取这块地的补粮款(溪滩地村里统一承包出去了)。

为什么已经补回的溪滩地"不能算"?原村长×××的说辞是:"是季美君造假证据补回的。"

这里说"原村长×××",是因为曾担任过小溪边村两届村长的×××,2017 年竞选村长时落选了。与谁竞选?与我弟弟竞选。计票结果是×××多得两票,但镇里在核对选票时发现,其中×××得到的一张选票存在作弊现象——作弊的这张选票被宣布作废后,×××的得票数就不到半数了。因之后两个候选人都表示不愿意重新进行投票选举,此次选举并没有选出村长。据说在小溪边,如能连任三届村长,就可以享受当地政府发放的补贴——或许在×××看来,连任三届这一"囊中之物"意外落空,是我弟弟站出来与他竞选村长的缘故。

村长选举"流产"后,镇里为了保证村里工作能正常开展,另外任命了村支书(选票作弊系原村支书庞某把关不严所致,事发后庞某被镇里免去了村支书职务)。但没过多长时间,落选村长的×××又成为小溪边村的村文书。

按照中央统一部署,2018 年全国土地确权工作要完成。浙江省的土地确权进程快马加鞭,小溪边也不例外。

镇里对土地确权情况进行公示程序时，据说要先有村干部的签字认可。为此，嫂子去找村支书签字。村支书说：这件事我不清楚，要村文书签字；他不签字，我没权签——我没权把这块溪滩地确给你们家。

嫂子去找村文书×××签字。×××说，这811平方米溪滩地，"是季美君造假证据补回的"，怎么能确给你们家呢？

村里解决不了问题，嫂子就去找镇政府。镇政府办事人员说，要是没有村里的签字，土地确权公示不了。无奈之下，嫂子打电话向远在北京的我求救。

自家兄弟遭遇不平，总得伸出援助之手吧？再说，即使我想置身事外，人家也已经把我"拽入其中"了。

接到电话后，我首先想到的是证据。那几天，我这个证据法博士亲自指导嫂子寻找相关证据。功夫不负有心人，嫂子他们终于找到了以下证据：

一是1981年的分田依据。小溪边村的老村文书方梅，至今仍保存着1981年小溪边村分田的依据：我们家6口人的定量是3120，相对应分到的6丘田和两块地都有据可查。

基于3120的定量，当年我们家分到的田是3亩9分8，这不存在争议。分到的溪滩地有两块，其中小块地2006年土地整理时重新丈量面积是345平方米，也不存在争议。存在争议的是大块地，2006年重分时被写成90.1平方米，实际是901平方米，差了811平方米。

从定量出发，我们家有的溪滩地是345平方米加901平方米，共1246平方米，再按照小溪边的计算方法打9折，应分到1122平方米。减去流水损失62平方米，实际应该是1060平方米，即1亩5分9。所以嫂子他们提出，此次公示的两个兄弟应该确权的土地面积是5亩5分7。

同小队方梅家的定量是2960，分到的田是3.22亩，溪滩地（与我们家系同一块大地）是1.09亩，确权公示的面积是4.31亩。我们家的定量是3120，定量比方梅家多160，确权土地只会比方梅家多，不会比他们家少。

二是卫星图。镇里拍摄和留存着当年航拍的土地卫星图。从卫星图可以测算出，分给四户人家的整块溪滩地面积为3亩多，由四户人家

（元本、方梅、学钗和朱正溪）20 人平分，我们家 6 人分在最西边，这就能大致推算出朱正溪家这块溪滩地的面积，绝对不可能只有 90.1 平方米。

三是承包款领取签字单。少分的 811 平方米溪滩地从 2013 年春补回后，嫂子他们一直在领取补粮款，这从一个侧面能证明当初村干部确实认可了少分溪滩地的事实——现在说是季美君"造假证据"补回的，那么请问，我造了什么假证据？为什么当时补回的土地不多不少，刚刚是 811 平方米，而不是 900 平方米或 1000 平方米？当年的村长×××为何那么痛快地同意，而此后一直让嫂子他们领取着补粮款？

还有，2013 年正月初三发生的事，我在当年的日记中有白纸黑字的记录，我也提供给了嫂子。这不是"假证据"吧？

找到这些证据后，嫂子又多次找镇里负责土地确权的副镇长反映情况，并要求解决问题。虽然分管副镇长和镇干部的态度都不错，但他们尤其是分管副镇长坚持认为，镇里不能凭着以上证据"直接确权"，必须有"村里签字"——于是，我的两个兄弟就被带入了"签字的怪圈"。

我很是纳闷，提供了那么多证据给镇政府，为什么分管副镇长一句话"必须有村干部签字"，就视这些证据而不见呢？

难道是我钻进了法律"死胡同"的缘故？对于这位乡镇领导"视证据不见反而只要村干部签个字就可以"的工作思维习惯，我既没有听闻过，也难以理解，更难以接受。

嫂子还告诉我，镇里担心小溪边村其他少分地的村民会"闹事"，因为有村干部放言：既然新明家少分的地你们镇里能帮着确权，其他少分地的村民家你们镇里一并解决吧……

镇里的压力我感同身受，但我不明白的是，为什么村里还有村民少分土地？少分土地是谁造成的？如果真有其他少分地的村民，即使少分的面积没我兄弟家的大，是否应该通过合适途径补回确权？

此事表面上看是少分的地补回后，在有充分的证据证明的情况下能不能确权的问题，但事实上牵扯到方方面面的关系。这也是时过一年多，这块补回的地仍没有最后确权的根本原因。

好在镇里的主要领导对此事非常重视，我们也一直相信，在阳光下，白的总归是白的，黑的再怎么颠倒终究还是黑的。

另外，在处理这一事件过程中，让人感受最深的是：

第一，村文书要保管一个村的各种重要资料，人品是多么重要。农村有关土地的各种账册，大多由村文书保管，所以在农村，村文书是一个相当重要的角色，过去一般由人品好、威望高、识字、办事严谨的人担任。像私自涂改账册、藏匿账册甚至毁灭账册的事，几乎不可能发生。

第二，救济途径的短缺。土地关乎农民的切身利益，是农民的命根子。村民土地少分漏分了，要是村干部的责任，应该追究村干部的责任还村民一个公道，还是明知村干部乱作为而纵容着帮着捂着遮着掩着盖着？发生土地纠纷而老百姓找不到合适的途径去投诉并得到公正解决，是农村稳定出现隐患的重要原因。

我研究证据法多年，也有写日记的习惯，这才好不容易找到上述种种证据，来证明这补回的 811 平方米溪滩地应该确权。要是普通老百姓，能找到这么多证据吗？这块地就只能听之任之被黑掉了？我们也没有尝试去法院起诉，一方面是因为我们没有那么多时间精力，另一方面是我们认为，都有那么充分的证据证明了，为何就不能以证据所证明的事实直接确权？

事实上，无论多么崇高的权利，要是没有"想启动就启动"的救济程序作为坚强的后盾，法律规定得再完善，在现实执行中一旦出现问题而无法及时获得救济，那些鲜亮的权利也只是水中月，看着漂亮，微风一起，吹皱一池水波，就什么都没了。

司法鉴定管理的重点是事中事后

汤啸天 [*]

目前，上海市人大正在就《上海市司法鉴定管理条例（草案）》（以下简称"草案"）向社会征求意见。从整体上看，草案的条文质量较高，但也有一些需要深入研讨的问题。如果可能，笔者愿意以市民身份参加修法活动。为用足用好上位法的依据，进一步提高上海地方立法质量，突破司法鉴定管理的难点，争取在事中事后管理中有所创新，建议如下。

一、司法鉴定管理的重点在事中事后

司法鉴定管理既要把住"入门关"，更要着力于事中事后。凡是收费的司法鉴定活动，出具鉴定书就是有偿地向社会提供商品，商品的生产者必须对商品质量负责。鉴定人出庭作证可视为一般商品的售后服务，是必须承担的责任。经人民法院通知出庭，鉴定人出庭作证是必须为的法定义务。阳光是最好的消毒剂，鉴定质量取决于该鉴定是否经过法庭公开质证。在鉴定人可以躲避出庭作证义务的情况下，无论采用多少措施，"猫腻"都防不胜防。草案虽在第 49 条作出了"经人民法院依法通知，拒绝出庭作证的"，"给予停止从事司法鉴定业务三个月以上一年以下的处罚；情节严重的，撤销登记"的规定，但还不够突出、不够有力。

最高人民法院、司法部在 2016 年 10 月 17 日发布的《关于建立司法鉴定管理与使用衔接机制的意见》明确规定："司法行政机关要监督、

---

* 作者为上海政法学院编审，上海市社会建设研究会副会长。

指导鉴定人依法履行出庭作证义务。对于无正当理由拒不出庭作证的，要依法严格查处，追究鉴定人和鉴定机构及机构代表人的责任。"据此，建议增补鉴定人出庭作证专条，并细化为如下二款。第一款："鉴定人收到出庭通知书后，应当在送达回执上签字；对于逾期送达的，鉴定人可以在送达回执上进行说明，并告知法院，法院可依情形改期开庭或进行重新鉴定；如鉴定人由于不能抗拒的原因或者有其他正当理由无法出庭的，应及时向法院提交书面申请，法院应审查是否准许其申请，鉴定人非因身体健康的原因无法出庭的，可以通过视频等方式进行作证。"第二款："鉴定人经人民法院通知无正当理由拒不出庭作证的，可暂停委托其从事人民法院司法鉴定业务，并告知司法行政机关或发出司法建议书；司法行政机关负责对鉴定人和鉴定机构予以查处，并向人民法院反馈处理结果。因为鉴定人拒不出庭作证，鉴定意见不被法庭采信的，当事人可以要求返还鉴定费用；给当事人造成损失的，鉴定人应当依法承担民事责任。"

二、细化对鉴定书实行赋码管理

草案对从事"四大类"（包括法医类、物证类、声像资料、环境损害）鉴定业务的司法鉴定机构、司法鉴定人的登记条件和程序进行了规定，并认为对"四类外"司法鉴定不宜另设登记条件和程序。这是因为，司法鉴定的管理重点不是"事前"，而是事中事后，即鉴定人是否出庭作证，以及鉴定书被法院采信的情况。2012 年修改的民诉法及相关司法解释均规定了鉴定人出庭接受质询是法定义务。鉴定人拒不出庭的，鉴定意见不得作为认定事实的根据，退还鉴定费。上海的司法鉴定管理立法应当以此为据，在事中事后管理方面有所创新。

笔者注意到，草案在第 42 条就信息化监管作出了规定，但可操作性还不够。实行全流程可监督、可追溯、可跟踪的司法鉴定管理，在技术上并没有障碍。对鉴定书实行赋码管理不仅要实现可视化，更为重要的是实现公开化。对此，建议对第 42 条作进一步充实，修改为："市司法行政部门建立司法鉴定信息化管理平台，对司法鉴定案件实行统一赋码管理，实现司法鉴定案件全流程监管。司法鉴定收案、收费、开具发票、鉴定记录、鉴定意见书形成、鉴定人出庭作证、鉴定意见采信等环节向社会公开，接受监督。"

三、明确体现公益性原则的具体行为

草案第 5 条明确司法鉴定体现公益性原则是可喜的，但写得过于抽象，还停留在宣示状态。司法鉴定是为保护社会公共利益而要求具有专门知识的人提供专业服务，在诉讼活动中鉴定人提供鉴定意见的目的是维护公平正义。应该避免社会司法鉴定机构为趋利走向市场化，从而保障鉴定意见的公正、客观、中立。如果作为地方立法不宜写"面向社会的司法鉴定机构是公益性社会组织"，建议在原条文基础上作修改。其一，将草案第 5 条修改为："司法鉴定实行鉴定人负责制，遵循科学、独立、客观、公正、公益原则。鉴定人应当以出庭作证等方式，体现司法鉴定行为的公益性。"其二，将草案第 5 条修改为："本市鼓励鉴定机构推进公益性建设，倡导鉴定机构、鉴定人开展各类公益性活动。"

四、先行先试鉴定人向法庭宣誓

据悉，最高人民法院对于证人宣誓持开放态度，鼓励地方法院作进一步探索。2016 年公布的《最高人民法院关于防范和制裁虚假诉讼的指导意见》，也明确提出探索当事人和证人宣誓制度。目前，国内也已有让鉴定人宣誓或者签署保证书的做法。因此，建议上海应当借鉴英美法系的证人出庭作证前的宣誓规则，要求鉴定人当庭宣誓，并在宣誓之后在宣誓书上签字。

五、进一步发挥专家委员会的作用

草案第 36 条关于鉴定专家委员会咨询制度的规定基本可行，但还需要进一步强化、细化，重点是进一步明确专家委员会的权利义务。建议增补如下内容：第一，专家委员会组成人员名单和工作制度向社会公开；第二，专家委员会参加鉴定机构评审、申请执业人员执业能力测试、鉴定机构工作质量评估等工作；第三，专家委员会有权向司法鉴定机构调取鉴定过程的实时记录；第四，对考核、投诉、处分、处罚涉及的技术问题，由专家委员会提供专业咨询意见。

缅怀何秉松老师

吴宗宪*

  我国著名刑法学家、原中国政法大学教授何秉松先生2019年2月11日（农历正月初七）因病在北京逝世，终年87岁。当时，我因探视客居海南临高的父母，未能参加何老师的最后告别仪式，深感遗憾，撰写此文，缅怀老师。

一、求学受教

  我是何老师早年指导的硕士研究生之一。1983—1986年间，我在刚刚成立的中国政法大学研究生院刑法专业读书，属于这个研究生院的第一批研究生。在研究生院攻读硕士学位的中后期，何秉松老师正式成了我的导师；之所以讲"中后期"，是因为那一级的刑法学专业研究生很多（最初有18人，后来，其中的3人转为"劳改法"专业，即后来的监狱学专业），而当时本校的导师只有曹子丹、宁汉林、何秉松等少数几位老师，因此，在前面一年多的学习期间，没有明确导师，所有研究生在一起聆听本校老师和校外专家给我们讲课；只是到了要写学位论文之际，才正式明确何老师担任倪寿明、刘华和我的导师。之后，我围绕论文的写作和修改，与何老师个别接触过几次，就结束了学业。

  那时候，何老师的讲课很有特色。印象中的第一个特色是，何老师十分熟悉国外的情况。记得当时他已经对犯罪构成学说有了很多的研究，因此，在讲课中不仅系统地介绍了他的研究成果，而且提到不少外国刑

---

  * 作者为北京师范大学刑事法律科学研究院教授。

法学家的名字和在这些方面的主张等，令人耳目一新，极大地开阔了我们的学术视野。在那个法学研究恢复不久、研究资料十分缺乏的年代，能够系统讲述这些内容，是很不容易的。第二个特色是，何老师不苟言笑。在课堂上讲课时，何老师几乎不看下面坐着的研究生，很多时候视线越过研究生们的头顶伸向远方；他的坐姿也不是正对着下面的学生，而是偏向左边或者右边，视线自然也是偏向某一边的。由于这个特色，他与学生们的直接交流不多，我记忆中很多同学似乎有点怕何老师。不过，我自己倒没有怕何老师的感觉，这可能是我后来选何老师作为导师的重要因素。

尽管聆听了何老师的多次讲课，也在学位论文的准备和写作中得到何老师的亲自指导，有正式地接受何老师教诲的经历，然而，总感觉没有从老师那里学到很多知识。这方面虽有年龄太小的缘故（1983 年时我刚 20 岁），但也可能有与导师私下接触的次数太少的因素。后来追忆当年的研究生岁月，我发现似乎没有向导师个别请教几次（可能七八次），就结束了学业。有限的个别接触既影响了知识的学习，也可能影响了感情关系的建立。

我们这一届刑法专业研究生虽有与导师个别接触少的遗憾，但也有十分难得的优势。其中的一个优势就是在读研期间，聆听了很多校外老师的讲课。尽管聆听了很多京内外刑事法学者们的讲课，但是，与这些学者们的讲课相比，我觉得何老师的讲课极富特色，具有不可替代性。这是因为，除了储槐植老师讲的美国刑法我们过去很少听过外，其他刑事法学者讲授的内容，我们在过去学习刑法的过程中或多或少都了解一些，而何老师讲的国外学者们关于犯罪构成方面的学说，在过去几乎没有听说过，对于我们这些硕士研究生而言，可以说是全新的内容。因此，尽管何老师在讲授的过程中几乎不涉及具体的案例，讲课的趣味性可能不足，但是，同学们仍然听得津津有味，这可能就是内容的新颖性所具有的魅力吧。

作为刑法专业的研究生，我们上得最多的课是刑法学方面的课。在学习刑法分则时，听过一段时间的课后有这样一种印象，也就是即使不看文献大体上也能够知道关于某个罪名的观点至少有三种：一种是较为激进的观点，另一种是较为保守的观点，第三种是折中的观点。这样的论述和讲述，让我感到很不习惯。这种感受不仅对我的硕士学位论文选题产生了影响，而且也对以后的择业等产生了影响。在这种情况下，我选择了一个不怎么受刑法条文束缚的题目——《论刑事责任的基本问题》。何老师同意了我的选题，我在他的指导下完成了这篇论文。这可能是国内较早的探讨刑事责任问题的硕士学位论文之一。

在即将毕业时，我选择了一个较少受法律条文约束的工作——留校从事犯罪心理学的教学。可以说，我是一个未踏入刑法学门槛的刑法学研究生，每每想起来，感觉有点愧对老师。

二、比邻而居

毕业之后，我先在中国政法大学法律系犯罪心理学教研室任教，和同在法律系任教的何老师是同事，不过，在这里工作的五年间，与何老师几乎没有什么实质性的接触。平时见面打招呼，问候他，但由于不再从事刑法学的学习和研究，在学术方面与何老师没有发生什么联系。

在这个教研室工作了一段时间后，我于1992年初调入司法部预防犯罪研究所工作。先在外面上班、住宿了一阵后，研究所的办公地点改到了中国政法大学七号楼，我又回到了读书之地。没过多久，我住到了政法大学南门外的合建楼（司法部与政法大学合作修建的楼），成了何老师的邻居，与他住在同一栋楼中，两家之间隔着几个门洞。

与何老师比邻而居后，我们见面的机会多了起来。我经常在院子中遇到将要出门或者从外面回来的何老师。见面时除了向老师打招呼外，何老师往往要问我最近在做什么，看到什么学术方面的资料等。我也如实相告，向老师汇报自己的情况。

记得1990年7月我从加拿大温哥华参加第45届国际矫正教育研讨会回到家后不久，在小院中碰到了何老师，我向他汇报了赴加拿大开会的简况，也讲到我复印并带回了一些英语书。当他听到我带回来的复印书中有法国学者雷蒙·萨莱勒斯（Raymond Saleilles，又译为"萨雷伊""萨累伊"等）的《刑罚个别化》（*The Individualization of Punishment*）

一书时，表现出来极大的兴趣，要我把这本书拿给他看看。我将此书送到他家后，这本书在他家放了多年时间。后来，我在进一步研究西方犯罪学和刑罚学史的时候要看此书，于是，到他家取这本书。当他递给我这本书时，我发现书的封面变成了另外的纸张，书的体积也比原来小了不少，当时我推断，这本书被重新装订、裁剪过。

回到家后，我翻看此书，发现在不少页码上有铅笔写的汉字译文、备注等，在一些页码上还有用彩笔画的着重号。这些汉字不是我自己的笔迹，可能其中的一些是何老师在阅读的时候写的，另外一些是其他师弟、师妹们在阅读的过程中写的。后来，我在师弟曲新久教授撰写的《刑法的精神与范畴》（中国政法大学出版社 2000 年版）一书中看到了引用此书的内容（第499—500 页），推断其来源可能是我给何老师看的这本复印书，因为在此之前，我在北京几个大学的图书馆和国家图书馆中，均未查到和看到过这本书。

近些年来，我很多次在小院中碰到何老师。常见的场景是，何老师穿着便装（经常是很薄的黑色圆领衫），骑着一辆旧自行车，或要出去，或刚回来，打招呼询问他，十有八九与他到政法大学北面的首都体育学院游泳有关。他长期坚持游泳锻炼，为他自己的学术事业强身健体。看到高龄的他还骑自行车，我十分担心，劝他不要骑自行车了，以免发生危险，但是，下次见他时仍然如此。高龄老人为了学术研究坚持锻炼身体的坚强毅力，令我钦佩。

在他去世前，我还见到过他两次，这两次都是他和夫人邓强俊女士在一起。一次是在居住的小院中，他们夫妇二人相互搀扶着慢慢行走，好像刚从外面回来，我匆匆打过招呼后便忙自己的事情去了。另一次是春节前在政法大学 6 号楼北面的校园中，师母搀扶着他向家的方向行走，何老师穿着厚厚的棉衣，步履蹒跚，行走得极慢，几乎是在挪动。由于这一次是我们夫妇出去散步，时间比较充裕，我停下来与老师和师母打招呼，近距离观察了老师的情况。突然发现他的眼泡肿胀了许多，似乎受了外力撞击，面色也灰暗发黑。经询问师母，得知并没有发生外力撞击的情况。告别他们之后，我们夫妻都感到，何老师可能是患了重病，不然脸色不会发生这样的变化。但是，考虑到何老师以往坚强的毅力，我以为这一次他也能挺过来，就没有当回事。谁曾想到，这是与老师的最后一面。

三、辉煌时刻

作为学者，特别是从事法学和相关社会科学研究的学者，最常见的工作是阅读文献或书写文稿，最平常的状态是过着平凡、平淡甚至枯燥的生活，体验到快乐欣喜甚至成为众人瞩目对象的辉煌时刻比较少见。对于何老师来讲，大概也是如此。很多学者终其一生，可能也没有遇到什么高光时刻，没有成为大家关注的对象。

佩戴勋章的何秉松教授

不过，由于居住在一个小院中，我有幸经历了何老师学术生涯中的一次辉煌时刻。大约是在2010年1月下旬的某一天，在院子里碰到何老师时，他说法国政府可能要授予他一个奖章，准备在法国驻中国大使馆举行一个仪式，询问我能否参加。听到这样的好消息，我当即表示能够参加。同时，想到这是何老师的一个重要时刻，随口询问他是否安排了人拍照，他说已经安排了拍照的人。不过，由于自己当时有一台入门级别的低端单反相机，也准备带去拍照，多留一份资料。

2月1日下午，我带着自己的相机按时去法国驻中国大使馆，参加给何老师颁发奖章的仪式。到达后得知，法国国家犯罪观察研究所所长阿兰·鲍尔（Alain Bauer）教授奉时任法国总统萨科齐之命，专程来华主持授勋仪式，给何秉松教授颁授法国荣誉军团骑士勋位勋章。

何老师很重视这次活动，一改以往衣着简单、随便的风格，穿着很正式的衣服：白衬衫，黑西服，系着暗红色有斜线的领带，看起来很是精神；师母穿着红色上衣外套，很喜庆。

在此次活动中，我拍摄了200多张照片。后来很多场合使用的照片，都是从这些照片中选用的。在保留下来的照片中，第一张的拍摄时间是18：07，这意味着授勋仪式大约从这时候开始；最后一张的拍摄时间是19：33，这表明，授勋活动（包括授勋仪式和之后的酒会）大约进行了一个半小时。

四、参会追思

何秉松教授逝世后不久，2019年3月22日下午，中国政法大学刑事司法学院在中国政法大学学院路校区举行了"有组织犯罪暨何秉松教授刑法思想研讨会"，追思和感怀何老师的人生与学术。我作为何老师早期指导的研究生，应邀参加了此次研讨会。

在座谈期间，我认真记录了大家的发言，会后将大家的发言内容和对于何老师的评价归纳如下：

在发言中，大家深切缅怀了何秉松教授的治学与为人，充分肯定了他在多个领域作出的突出贡献，赞赏了他长期坚持学术研究的执着品格和奉献精神，赞赏了他在耄耋之年仍然学习电脑等新技术、关注社会与犯罪的新发展、与时代保持同步、作出大量创新成果的惊人毅力和可贵品质，肯定了他在学术研究中的独立敢言精神和前瞻性眼光，肯定了他开阔的学术视野和放眼世界研究犯罪与刑罚问题的学术风格，评价他是他们那一代学者中发表文章不多但是质量最高的人，认为他是培养了一大批优秀学生的睿智的教育家，也是成功地组织了多次大型的国际学术研讨活动和比较刑法研究工作的卓越的学术活动家，是执着、清廉、纯粹、简单而伟大的学者，是淡泊名利、治学严谨、克己自律、勇于开拓创新、具有国际学术声誉的学者，对有组织犯罪、恐怖犯罪等的研究达到了国际水平。大家认为，何秉松教授的学术思想必将长存，学术精神堪称典范！

这些话语反映了大家对于何老师的肯定和赞誉。作为何老师的一名学生，我感到欣慰。

我自己在发言中，除了表达了对何老师的突出印象（奉献精神、坚定意志、国际影响）之外，还谈了何老师的两个方面的"遗憾"：第一，我感到何老师的学术影响远远被低估。因为我从未看见或者听说过在我国法学家和法学研究者中，还有人在晚年高龄时仍然拼搏努力，出版大部头论著、提出系统学说、主办国际会议的。因此，我建议编写《何秉松教授评传》，图文并茂地系统介绍他的学术经历、学术贡献、论著目录、学生名录等，让学界更充分、更准确地了解何秉松教授的学术事业和重要贡献。第二，何老师带博士太晚了。如果何老师及时地在应该带的时候就带博士研究生，一定会在培养人才方面作出更大的贡献。

五、再读论文

在介绍和评价何秉松教授的学术研究时，肯定不可避免地要谈到他在 1990 年发表的一篇论文《一个危险的抉择——对刑法上取消反革命罪之我见》。这篇论文最初刊登在《政法论坛（中国政法大学学报）》1990年第 2 期第 69—75 页。这篇论文是何老师学术研究的重要组成部分，何老师自己也看重这篇论文，将它收入中国民主法制出版社 2011 年出版的《何秉松刑法学文集》中（第 500—512 页）。因此，有必要正视这篇论文。

当年何老师发表这篇论文的时候，我正在中国政法大学犯罪心理学教研室任教，从周围人们的反应中感到，这篇论文似乎不应当发表。虽然这时候我已经不研究刑法学了，但是，凭过去学习的知识和当时的直觉判断，用"危害国家安全罪"取代"反革命罪"似乎已经成为刑法学界的普遍共识。我很疑惑的是，在这种情况下，为什么何老师要写这样一篇论文？不过，毕竟自己不研究刑法学了，因此，浏览了这篇论文后，我没有继续深究这方面的问题。

这篇论文在当年引起了巨大的反响。我感到，大部分评价是否定性的，不赞同他在论文中表达的观点：何老师认为"取消刑法上的反革命罪是一个危险的抉择"，因而不赞同用"危害国家安全罪"来取代"反革命罪"。何老师同一个教研室的同事侯国云老师写了一篇针锋相对的文章《一个科学的抉择——与何秉松教授商榷》，刊登在《政法论坛（中国政法大学学报）》1990 年第 3 期（第 8—13 页）。这样公开著文商榷的毕竟不多，不过，我推测，对何老师的文章持反对态度的人可能是很多的。甚至有种传言，似乎何老师写这样一篇文章具有投机的成分，想以此谋取什么职务，等等。然而，后来何老师继续专注于学术研究的事实，部分地驳斥了这些传言。

何老师的论文发表后，我看到的唯一一篇对该文的某些方面加以肯定的文章，是师弟曲新久教授在多年后写的文章《何秉松教授刑法学思想述评》（载《法律文献信息与研究》1998 年第 4 期，第 63—69 页）。从曲教授的论述中可以看出，何老师这篇论文的可贵之处在于，第一，它是当时唯一一篇反对取消反革命罪的论文，充分展示了一个学者应有的独立的学术品格；第二，它对 1997 年修订刑法的工作产生了实际的影响，使其保留了对"颠覆国家政权，推翻社会主义制度"的刑罚（见曲文第 66 页）。

就在人们淡忘了这篇论文的时候，在 2019 年 3 月 22 日下午的研讨会上，有学者谈到了对何老师这篇论文的态度和看法的变化：最初看到时充满质疑，后来感到可能有误解，现在认为那篇论文的很多结论在今天看来仍然是非常正确的，对其中的不少具体内容持肯定的态度，并且建议青年学者们读一读这篇论文。

这方面的发言对我产生了触动。因为我最初看到这篇论文时也产生过类似的感受。而且，我对何老师的学术生涯有一种"理解之同情"。据我了解，何老师一生中似乎没有担任过全国性学术团体的领导职务，其他的职务似乎也不多，也没有听说他兼职赚钱改善生活，因为他的家庭生活条件简朴甚至可以说是简陋，家中几乎没有什么高档的家具和时髦的摆设；他把一生的绝大部分精力献给了学术研究，这一点与我相似，我们这对师徒都是比较纯粹的学人，生活简朴而简单。因此，我深深地理解和同情他，感到有必要为他写点什么，特别是有必要再看看这篇当年引起巨大反响的论文。

我找来并重读这篇论文，有了一些体会和感悟：

（1）取消反革命罪是正确的。我不赞同何老师对于取消反革命罪的观点，我认为在刑法中用"危害国家安全罪"来取代"反革命罪"是恰当的。不必讲许多的大道理，仅仅从"反革命罪"中的"反革命"一词就可以分析，这是一个蕴含着动荡、不稳定、暴力甚至战争等内容的词语，与政权的更替密切相关。在新中国成立 40 年之后，应当使用与和平年代的整体环境相适应的犯罪名称；而且，少数人的犯罪行为也不大可能导致政权的更替。因此，从社会环境、法制完善等方面来看，继续使用"反革命罪"可能是不适宜的。

（2）"反革命罪"是不是法律概念？当年反对继续使用"反革命罪"概念的重要理由之一，是认为"反革命罪"不是法律概念，而是政治概念。对此问题，何老师提出了不同看法。他认为，"反革命与反革命罪虽然密切联系但不是同一概念，以反革命不是严格的法律概念来论证反革命罪应当取消，这是犯了逻辑上的错误"。我以为，何老师的反驳是有理的，也是有力的。什么是"法律概念"？法律概念就是在法律中使用并且有明确内涵和外延的概念。反革命罪的概念具有这样的特征，怎么能说它不是法律概念？"反革命"不是法律概念，但是，"反革命罪"就是法律概念。实际上，对此问题应当换个角度来看：反革命罪肯定是一个法律概念，但是，它并不是一个好的法律概念，而是有可能引起多种负面效果的法律概念；这个概念的突出问题在于，如果继续使用它的话，可能会产生不好的法律效果和社会效果。

（3）反革命罪与"一国两制"。当年主张取消反革命罪的重要理由之一是，认为如果保留这类犯罪，那么，在实行"一国两制"后，这类犯罪就很难认定，因为很难再讲"敌国""敌人""资敌"等。但是，后来从香港和澳门回归之后的情况来看，并不是这样，因为在回归之后，香港和澳门地区仍然适用各自的刑法；《中华人民共和国刑法》不在这些地区适用。如果继续按照"一国两制"的方法处理，将来两岸统一之后，台湾也会继续适用自己的刑法。目前，大家已经形成的普遍共识是，我们已经有一种"四法域"的格局，每个法域适用各自的法律。因此，是否废除反革命罪与国家统一、"一国两制"等没有必然的联系。在这一点上，何老师的观点是有道理的，取消反革命罪并不是对外开放和

"一国两制"的必然要求。

（4）反革命罪与引渡。当年主张废除反革命罪的理由之一是，认为反革命罪是政治犯罪，而根据国际惯例，政治犯不能引渡，因此，如果继续保留反革命罪，不利于引渡罪犯和打击犯罪。我自己不研究引渡问题，不过，感觉到这些年的实践似乎表明，妨碍引渡的最关键成分可能是刑罚而不仅仅是罪名：由于我国刑法对多种犯罪规定了死刑，因此，废除死刑的国家不愿意将罪犯引渡到我国，或者在引渡时要求我国政府作出引渡回来之后不判处死刑的承诺。何况，"政治犯罪"是一个学术概念，似乎没有公认的范围和标准。所以，在这一点上，何老师是有道理的，"企图以取消反革命罪来解决引渡问题，只不过是一种天真的幻想"。我们的刑法中早就废除了反革命罪，但是，这些年来的引渡工作依然困难重重，这证明何老师的观点是有预见性的。

（5）反革命目的之认定。当年主张废除反革命罪的理由之一是，认为反革命目的难以认定。这个理由比较牵强，因为只要我们在刑法理论中坚持主客观统一原则或者责任主义原则，就必然存在对于犯罪的主观方面的认定问题，即使废除了反革命罪、不再认定"反革命目的"，也会在处理此类犯罪时认定以其他文字表述的此类犯罪的犯罪目的。

（6）修改刑法与借鉴国外立法。当年主张废除反革命罪的理由之一是，认为想修改我国刑法时应当借鉴外国立法，外国立法中规定反革命罪的寥寥可数，因此，在我国刑法中也不可规定反革命罪。这种理由虽然有一定道理，但是，并不能强有力地支持废除反革命罪的做法，因为任何国家的立法首先都是要解决本国问题的，而不是做给其他国家看的；不能认为外国没有的，我们也不能有。在这一点上，何老师是对的。

可以说，我虽然不赞同何老师关于不应当取消反革命罪的观点，但是，赞同他关于将该章条文简化归并作出更合理的规定的见解，赞同他在文章中论述的一些具体观点。

重读何老师的这篇论文对我的启发不仅仅在于基本观点和具体论述方面，更在于学者的社会使命方面。在一个社会中，学者究竟承担着什么使命？学者存在的价值究竟是什么？是跟在立法者、司法者等后面随声附和、唱赞歌，还是通过独立的思考发出自己的声音？如果只会随大流、唱赞歌，社会中还要学者干什么？早在唐代时，魏征就曾经讲过"兼听则明，偏信则暗"的话，这实际上也肯定了学者的独立思考和见解对于资政的重要作用。从何老师当年发表这篇论文的情况来看，这篇文章起码起到了重要的资政作用。回想当年的社会氛围，更觉得在举国上下似乎都有共识的情况下，何老师发出不同声音是多么可贵！在那种情况下，何老师坚持发表这篇文章，需要多大的勇气！要冒多大的风险！在今天的学者中，特别是在享有盛名的学者中，究竟还有多少人具有这样的品格？《史记·商君列传》中提到，"千人之诺诺，不如一士之谔谔！"何老师发表这篇论文体现出的担当和勇气，难道不值得学人们永远学习和敬仰吗？

反腐创作永远在路上

——记国内著名反腐剧作家陆天明

李　玲*

　　最近，由我担任制片人的反腐电视剧《守望正义》开始在视频网站上热播，褒贬不一。有人评价，这部电视剧与《人民的名义》有相似之处；也有人评价，这样的故事只能在电视剧里看到……对此，我不做表态。见仁见智，实属正常，播出才是硬道理。只是，此时此刻，让我异常强烈地想到一个人——被誉为"中国最著名反腐剧作家"的陆天明老师。

　　当年请他对这部电视剧给予指导的种种交往和交流如潮汐泛起，久久难以平息。

　　陆天明，中国作家协会主席团成员，中国电视剧编剧工作委员会名誉会长，国家一级编剧，主要作品有长篇小说《桑那高地的太阳》《泥日》《木凸》《苍天在上》《大雪无痕》《省委书记》《黑雀群》《高纬度战栗》《命运》。同期创作的同名长篇电视连续剧《苍天在上》《大雪无痕》《省委书记》《高纬度战栗》播出后，在国内均引起强烈反响。

　　我钦佩他，更仰慕他，视他为中国文学艺术界的"脊梁"。

　　2008年，近30年的检察生涯结束了，本可以尽情享受退休后的云淡风轻，却拗不过我内心深处的一个执念，着了魔似的，就想创作一部真实再现检察机关老中青三代反贪人的电视连续剧。有人问我理由，我毫不掩饰：一支优秀的司法队伍，可以使民众对法律产生更多的依赖感；

　　*　作者为北京市海淀区人民检察院原副检察长，中国检察官文联影视协会副秘书长。

作为基层检察院检察官，我见证了战斗在反贪一线干警的酸甜苦辣，我就是想让中国老百姓知道，在我们司法机关，有一支专业的反腐败队伍，他们忠诚于国家、人民和法律，刚正不阿，一身正气，可亲可敬可爱可信。

尽管，做电视剧我是彻头彻尾的"门外女"，但我懂得"剧本是一剧之本"的道理。不知天高地厚地，我把"中国最著名的反腐剧作家"陆天明老师锁定为我们这部电视剧的第一编剧人选。

苍天不负有心人。我的检察姐妹江涛恰好与陆天明老师相识，经她一段时间的穿针引线，我与陆老通了第一个电话。噼里啪啦，竹筒倒豆子，我以极快的语速（生怕耽误他太多的时间）和急迫的心情道出我们全部的诉求——请陆天明老师出任我们这部反腐剧的编剧。

陆老沉默了一下，说，非常高兴你们要做反腐剧，我支持你们，也很感谢你们对我的信任。不过，很抱歉，原谅我不能接受你们的邀请，因为我自己的创作还在进行中……他的声音听上去有些沙哑，略显疲惫，却实实在在不容置疑。

一瓢冷水从头灌到脚，满腔热望顷刻碎成齑粉，我不免沮丧至极。一时间，竟不知说什么才好。电话那端的陆老仿佛洞穿了我的心思，他又善解人意地补充了一句，不过，等你们找到了编剧，我可以给你们一些意见……就像落水人抓住了一根漂移过来的树干，我不禁喜出望外，扑哧笑出了声，连声向他道谢之余得寸进尺地说，陆老师，那就请您做我们的编剧指导吧，以后再找您！他哈哈大笑，爽朗地说，好，好，好！

八年前那个夏日的午后，陆老兑现诺言，让我和江涛带着编剧去见他，为我们创作的反腐剧《守望正义》前三集剧本进行指导。临出发前，江涛给他打了个确认电话。放下电话，她面露难色，说，陆老师生病了，发低烧。踌躇了一下，想到陆老专门给我们腾出时间不容易，机不可失，时不再来。我们还是硬着心肠出发了。

江涛和编剧老段拎着水果，我捧着专门为陆老师手工制作的一束白玉兰丝网花（寓意冰清玉洁），噔噔噔噔一口气爬上四层楼，敲门。

门开了，笑意盈盈的陆老站在我们面前。除了架在鼻梁上的无框近视眼镜暴露了他的作家身份，一眼看过去，就是一位邻家大爷，和蔼，可亲，全然没有名人居高临下的距离感。

陆老属于那种未曾开口先咧嘴笑的人，天性平易近人。说不清什么缘故，总觉得他的笑带着一股天真未凿的孩子气，无遮无拦，一笑就露出几颗豁牙——忘记在哪儿看过，陆老有一颗牙就是在写反腐剧《高纬度战栗》时光荣"下岗"的。

与陆老寒暄了一会儿，我们进入正题。

陆老说，他认真看了前三集剧本，感觉这个本子比前几个本子写得好。注重了人物关系，对检察生活有所了解，人物也有时代特色，语言功底不错。只是，切开看，每一部分都比较好看，但放在一起，存在一些大问题……接着，他一板一眼地坦言了对剧本的看法，解答我们的疑惑。大师就是大师，句句叩在要害处。我们生怕漏掉一句话，低着头唰唰记录……看得出，陆老很喜欢我们的创意，也对我们的话题颇感兴趣。每每轮到他发言，总是滔滔不绝，激情四溢。

陆老回忆说，当年他写第一部反腐小说《苍天在上》，反腐，还是一个风险巨大的领域，很多人都心存疑虑。一是担心会带来政治上的打压，二是担心这种揭露腐败的作品会对我们的党、我们的体制形成伤害……他的不少反腐力作，在拍摄过程中乃至播出之前，都遭遇过相当大的阻力。有的编剧扛不住，退缩了，陆老却始终锲而不舍。他自信满满地对我们说，只要他们看了片子就知道，我是站在维护共产党的立场上写的，我的这些片子说到底都是对党好！

"对——党——好！"这应该就是他执着于反腐剧创作的初心吧，有了这样纯粹澄澈的初心，还有什么样的阻碍会让他心存胆怯？还会有什么力量可以把他击倒？我在想，这会不会就是他百折不挠坚持反腐剧创作的精神支撑?！

记得在反腐剧《高纬度战栗》第28集里，陆老设计了大半场几乎没有故事只有对话的戏——

公安英雄劳爷坟前。

反腐英雄寿泰求向年轻民警邵长水和副市长的恋人回忆了劳爷牺牲前那段时间里，他与劳爷每天都要谈到的那些关于反腐的话题（除了偶尔切入墓地，给三个人一些现场的镜头之外，剩下的，大多是寿泰求与劳爷两个人面对面大段大段的对话）。

饰演劳爷的李雪健是个好演员，很严肃的话题，从他嘴里说出来，实在，接地气，一点不做作。

例如，劳爷痛心疾首地谈到，"文革"后，有了一个非常好的局面形势，可是，有人开始走极端了，经济利益高于一切，钱，个人利益，一切都围绕这个了，官也可以拿钱买了，人人都不讲信仰，不讲灵魂，不讲荣耻，不分是非，这咋整，大好局面都会毁掉的！

对于贪官，劳爷用了一个词，叫作"非常惋惜"。因为，他们到底是党培养多年的干部，曾经为当地做过很多很大的贡献，很多老百姓也记得他们的好。可是，他们慢慢地变质了，堕落了。但全都归结在他们个人身上也不合适。

那么，还在谁身上？

"你，我，他们的部下，助手，普通工作人员，就连普通老百姓也有责任。为什么？因为你没有起到监督作用，你没有说到一个'不'字，不敢说，不愿说。怎么办？就是要提高全民的防范意识，让每一个老百姓都找回对这个社会的责任心！"

如果单从收视率上考虑，上面那些近乎"说教"的戏似乎显得过长了。然而，对陆老而言，他一定是希望借助劳爷和反腐英雄的对话，袒露自己对腐败根源的看法。而这些看法，他埋在心底太久了，一旦写入台词，犹如火山喷发。

记得我看这段戏的时候，内心也受到很大冲击。尤其是"普通老百姓也有责任"的观点，真的惊到了我！现在想，这些观点，虽有些单纯，有些感性，但的的确确体现了陆老诚心诚意"对党好"的一片赤子之心。

陆天明说过："我写反腐，并不是为了赶浪潮，说实话，也不是为了出名，挣钱……我不会草率动笔，我必须对反腐有了新的认识，才会动笔。比如，在《苍天在上》中，我的认识是'腐败的官员天生都是坏蛋'，所以小说中的反面人物就有脸谱化之嫌；到了《大雪无痕》，我的认识有深化，我认识到'腐败的官员不是天生的坏人，腐败的产生，个人的变质，有个人的原因，但更重要的是因为体制的不完善'；到了

《高纬度战栗》，我的认识更进了一步，'腐败的产生，固然有个人和体制的原因，但还有一个不容忽视的原因，就是你我他这些普通民众，为他们提供了腐败的温床'。"

"我一定要在我有生之年不顾一切地做一件应该干的、值得干的大事！做一回不妥协不低头的真正的自己！"这是李雪健饰演的劳爷在电视剧《高纬度战栗》里的一段台词。然而，这又何尝不是镌刻在陆老心底的誓言啊！

这就是我心目中的陆天明，一直铁骨铮铮走在反腐剧创作的征程上，却拒绝"跟风""赶浪潮"，就像一个倔强的垦荒者，总在寻找新的突破点，绝不跟在别人后面亦步亦趋。

王蒙在《九死未悔的郑重》中这样描绘他这位老友的形象，"他的大头、他的眼睛、他的目不转睛的执着，都很可爱，又有一点点可怕，还有相当的可悲"。"我们这代人满脑子的大众、满脑子的社会，总有一种责任感、使命感。"陆天明言之凿凿。这就是始终不放弃反腐剧创作的陆天明，虽然没有冲在反腐第一线，但他以笔做枪，把每一部反腐剧都上升为国家行为。以影视剧的形式，竭尽所能为减少和清除腐败的土壤提供参照和依据。这是作家艺术家应有的良知，更是作家艺术家应有的筋骨。

陆老兴致勃勃地告诉我们，不久前，他为深圳特区成立30周年创作的电视剧《命运》，已被确定为深圳市全体党员必看的"党课教材"。据说，党员们看过之后，自发起立，长时间鼓掌……听到这个消息，正在上海休假的陆老那叫一个激动，坐在藤椅上的他仰头大笑，没承想，一个后仰摔倒在地……我不由得"哎哟"一声，为老人捏了一把汗。没关系，只是轻伤，轻伤，老人依旧在笑，笑得那样天真、奔放。

我也是个直来直去的人，说到兴奋处，我对陆老说，抓贪官，本是我们检察院反贪局的活儿，可您在《高纬度战栗》里都让公安干了。他怔了一秒钟，又是咧嘴一笑，哦，是吗？不怪您，不怪您，别说您了，很多人大代表也不知道检察院干什么的，所以我们才想拍这样一部电视剧。我赶紧打了个圆场，生怕坏了老爷子的兴致。

离开陆老家已是下午五点多，夕阳映红了天际。

知道陆老身体有恙，本不想叨扰太久，可一聊起来就刹不住车，幸好陆老并没有怨艾。送我们下楼后，陆老看了看手表，眉头轻轻皱了一下，说，糟糕，时间过了，看不成病了。情不自禁地，我摸了摸陆老师的额头，汗津津的。不烫，好像退烧了？我说。潜意识里，我想减轻自己的负疚感。

"跟你们讲了这么多话，有点激动，汗都下来了，可能烧也退了吧。"陆老又一次孩子般地笑了起来。他的笑容比夕阳还灿烂。

知名导演陆川是陆老的儿子，他在《三联生活周刊》上这样评价自己的父亲："父亲活在自己的世界里，是个纯粹的布尔什维克，写反腐什么的，年轻的时候支边跑到新疆，当农工，下大田，十来年；他是个纯粹的人，是一个正直的人；一生没有背叛过自己的信仰。……就算他是个老派的堂吉诃德，这样的老人不应被耻笑。"岂止不应被耻笑，他理应得到所有国人的致敬。毕竟，反腐败关乎党和国家政权的生死存亡。

2014 年 2 月，电视剧《守望正义》拿到黄金时段播出许可证；该剧剧本还获得原国家新闻出版广电总局优秀电视剧剧本扶植资金资助；2015 年，该剧走出国门，落地越南第一电视台；目前，该剧已在国内十余个省市地面台播出，仅上海电视台新闻综合频道已重播三次。上海电视台新闻综合编播总监蔡亚军说："《守望正义》安静地讲好了一个扎实的反贪腐故事。""我感觉，'法'是这部电视连续剧的'魂'，在故事情节中飘荡着，在人物言行间游走着，细心的观众可以感知，可以意会，可以欣赏，可以赞美。当然，我在这里所说的'法'，不是法律条文，而是法的精神，是法治的灵魂。"著名学者何家弘老师对《守望正义》的评论更为经典。

此刻，我很想对陆天明老师说，我们总算没有辜负您。

如今，党中央作出庄严承诺，开弓没有回头箭，反腐没有休止符，反腐败永远在路上。同理，反腐创作也应当永远在路上。放眼望去，在这条利党利国利民的阳光大路上，我们的陆天明老师始终走在最前列，似一面火红的旗帜。

认真对待古代法

金 欣[*]

哈佛大学法学院的安守廉（William P. Alford）教授曾在一篇文章里提到，20世纪70年代，正在读研究生的他对中国法律史情有独钟，但是著名汉学家芮沃寿（Arthur F. Wright）却对他的兴趣全然不解，疑惑地问他："年轻人，你看起来挺聪明，为什么要一心把时间浪费在中国法律史上呢？"安守廉教授说这是他读研究生时遇到的第一个实质性问题。

芮沃寿教授（1913—1976）是美国人，曾在斯坦福大学和牛津大学求学，后来获得哈佛大学博士学位，长期担任耶鲁大学教授，是美国汉学的奠基人之一。他少年时跟随父母到中国和日本旅行，由此爱上了东方文化，研究生期间曾两度到北京进修，母语英语之外还通法、德、中、日四种语言，对中国古代佛教和儒家思想深有研究。说芮沃寿教授不了解中国历史，恐怕没有人信，但他却如此看待中国法律史，其他学者也就可想而知了。所以结果就是，一直以来，汉学和中国学在美国十分发达，但是直到20世纪90年代对中国法律史的专门研究少之又少，许多学者的研究中根本就忽略了法律和法律生活在中国历史上的存在，或者只把它们放在极为边缘的位置。不仅西方人这么看，我们这里也并不乐观。晚近以来，中国人常常戴着西方的有色眼镜来看待中国的传统法律，到如今，中国法学院的学生和老师们，多数人对中国法律史所知无几，只懂得一些教条，觉得中国古代没有法律（law），是人治，或者中国古代的法律"以刑为主"。煌煌几千年的中国法律史，就被这样的三言两

---

[*] 作者为陕西师范大学西北跨境民族与边疆安全研究中心副研究员。

语总结了，实在可惜。中国法律史在他们看来，往往不过是用来与现代法律和法律理念相比照的反面教材而已。

在《礼与法：法的历史连接》（修订本，北京大学出版社 2017 年版）一书中，马小红教授深感近代以来中国知识人对中国法律传统的批判要么误读了古代法，要么将它们附会为西方的法律类型，因此要在这部书中对中国的古代法正本清源，还原中国传统法律的本来面目。马小红教授在书中区分了古代法和传统法，中国传统社会法律的真正模样是古代法，是古人的智慧，而后人对古代法的理解和建构则是传统法。可以说古代法是事实（facts），而传统法是研究者的认识、解读（interpretation）和重构。事实只有一个，解读却可以因使用的工具或理论的不同而不同。从这个意义上说，任何对古代法的研究都是在构建传统法。古代法已经随着清末修订新律和立宪运动而终结，传统法则有不同的形式，不同的构建会看到不同的传统法，但近代中国许多学者所构建的"中国传统法是在以西方法为参照物，对古代法的否定多于肯定基础上而形成的"（《礼与法：法的历史连接》，第 93 页）。这种传统法是为了连接西方，而真正有价值的传统法应该是连接中国古代法与现代法的桥梁。马小红教授在这部书中致力于以严谨的古代法文献和史料为基础，澄清各种对古代法的误读，重新建构中国的传统法，并论述中国传统法的发展和特点，进而如实地展现古代法和法传统的真实状况。

在马小红教授看来，中国古代法不仅包括"刑"和"律"，而是存在着"礼"与"法"两种形式，两者并不对立，而是相辅相成的共同体。"法"包括古代各王朝颁布的典、律、令和例等实体的法律，也包括一些乡规民约和家法行规。而"礼"的范围则更为广泛：从制度层面来说，一方面礼是国家制度性的规则和仪礼，包括朝廷的仪式和不同社会等级的礼仪，比如朝廷的祭祀，不同等级人所应享受的不同的吃穿住行规格；另一方面礼是普通人之间在日常生活中形成的交往礼节和规则，是匹夫匹妇洒扫应对的基本规范。同时，礼本身还蕴涵着中国传统法的价值追求，诸如公平、和谐等。礼不是凭空产生的，它来自先贤们的教诲，也是长期以来在中国人的公共生活和私人生活中形成的规范，与人们的生活紧密相连。一个人不仅从出生就接受礼的教育和熏陶，还会在生活中不断践行礼的规范。礼本身也被国家认可或默许，所以它和法一起构成了中国古代法律的规范体系。在这种法律多元的情况下，法本身是被精英写在书面上的法律，融天理、人情和国法于一体，主要由国家机关来执行，而礼则是人们的日常生活中的规范。人们之间相互约束，因此绝大部分的民事纠纷不需要国家权力的介入就能解决，如此一来，形成了一种自然的和谐秩序。在这种秩序之下，传统法不仅有强制性，同时它还是体贴入微的日常生活规范，在解决纠纷和维持秩序之外，还能安顿人生与人心。这些正是现代法律所缺乏的。

从明末清初开始，黄宗羲等思想家就开始批判他们构建的传统法，称其为"一家之法"和"非法之法"。晚清时期，随着国家危机的加重，知识人更猛烈地批判传统。到清末修订新律时，参与者们对是否保留传统法的成分产生了激烈的争论，虽然最终双方在一定程度上达成了妥协，但新法律主要还是以主张法律与道德分离的法律实证主义为指导，以个人主义和契约观念为基础，基本上抛弃了传统法。民国成立后，万象更新，传统社会解体，传统法的统一性和延续性被切断，在军阀们剑拔弩张的同时，社会动荡，道德败坏，时人叹言：民国不如大清。但这种反传统的基调并没有改变，五四运动时期更有强烈的反传统思潮，林毓生先生称之为"借思想文化解决问题"（林毓生：《中国意识的危机："五四"时期激烈的反传统主义》，穆善培译，贵州人民出版社 1988 年版），也就是把所有中国当时出现的问题归结为中国传统文化。在这样的氛围下，尽管民国《六法全书》中的条条框框写得清晰明了，法官们也大都喝过洋墨水，但是民国的法治状况却并不尽如人意。抛弃法传统是造成这种局面的原因之一。当时的法律知识是舶来品，并没有本土化，立法者中不少顶着外国的博士帽，说着流利的洋文，对西方的法律理念谙熟于胸，但是对中国普通人的日常生活却所知甚少，对中国传统法中与中国经济、政治和社会息息相关的理念极为陌生，仅仅希望用新的法律去规制和改造普通人的生活。但这些法律中不少部分与普通人生活中的规范毫不相干，人民大众多少年保持的习惯和观念都需要随着法律改变，人们的生活自然乱了套，法律也必然得不到好的效果。所以民国西化法律的根本问题是脱离了中国人的人世生活，因此也就不能安顿中国人的人生与人心。

辛亥革命后，康有为痛感新共和时代的混乱与堕落，言当时："凡旧制之典章服朔，不问是非得失而皆除之，凡法、美之政教风俗，则不较其是非得失而皆从之。"因而中国数千年来的风俗习惯被破坏，导致"纲纪尽破，礼教皆微"。但西人建立共和国却多保留了传统。[康有为：《中华救国论》，载汤志钧编《康有为政论集》（下），中华书局 1981 年版，第 706—708 页] 令人唏嘘的是曾经的维新变法领袖，这时变成了维护传统法的守旧人士。不是康有为落后了，而是他深刻地认识到抛弃法传统对社会带来的破坏作用。康有为的看法令人深思。晚近以来，中国经历了几次大规模的法律移植，政制层面的原因暂且不论，法律层面的原因主要在于，立法者想用移植的法律理念来重塑普通人的生活。但西人的良法美意，到了我们这里却南橘北枳，轰轰烈烈闹一场，到头来人是人，法是法，依然各行其是。因为法律根本上是来自社会的规则，社会是在文化和历史积淀的基础上形成的，因此所有的法律都离不开传统这个渊源。

如今，我们处在一个古今中西交错的时代，但中国传统文化像基因一样影响着每个中国人，这是宿命性的，所以作为中国人生活规范的法律必然是以中国文化为基础，传统法就是这些文化基因的重要部分。虽然马小红教授对西方法律文化保持着开放的态度，并不反对法律移植，但她痛惜我们对自身传统挖掘之不足，因此这部书对中国传统法的重新建构并不是中国古代法的一曲挽歌，而是有极大的现实意义。这部书深入而细致的研究可以推动国人对古代法和传统法的理解，更有助于国人理解中国的法传统和法治现状，进而让中国的立法、司法能更好地安顿中国人的人世生活。

在现代社会，人生而自由，却又无往不在法律之中，所以了解一个国家必须认识它的法律。安守廉教授认为经典汉学家们之所以忽视中国古代的法律，是因为他们极为认同中国传统儒家士大夫们的世界观，后者推崇君主和官僚们对人民的道德引导和行为表率，认为法律只不过是一种低级的社会控制工具。所以古典汉学家们将古代中国的实定法（positive law）等同于法家的严刑峻法，不过是专制统治的工具，忽视古代中国的法律。如今四十多年过去了，芮沃寿教授墓木已拱，新的研究思路和范式的出现已经让这种状况大为改善。安守廉教授还在哈佛任教，他可能会遇到对中国研究感兴趣的年轻人，或许他应该对他们说："年轻人，你看起来挺聪明，一定要多花些时间在钻研中国法律史上，特别是古代法，take it seriously！"